분양영업의
정석

눈이 오나 비가 오나 제 옆에서 자리를 지켜준
최윤지팀장, 이민우팀장, 조범규팀장에게 이 책을 바칩니다.

오로지 분양 외길, 분양대행사 CEO의 부동산 영업 노하우

분양영업의 정석

박창영

팔리는 말과 안 팔리는 말은 무슨 차이일까?
상담의 질문 개수와 계약 개수는 비례한다!

인생은 오로지 분양, 분양 외길인생을 살았다. 분양대행사 '분양의 정석' 대표로 현재 대한민국의 분양현장들을 완판 치고 있는 젊은 CEO다.

학창시절은 일반학생들과 크게 다르지 않았다. 술을 좋아하고, 노는 것을 좋아했던 평범한 대학생이었고 취업에 대한 고민도 크게 하지 않았다. 노력 없이도 어떻게 될 것이라고 생각한 사회의 벽을 직접 느껴보지 못한 대학생 수준의 생각이었다.

지방 4년제의 물류학과, 대기업에 들어가는 입사자들과 비교하면 아주 낮은 스펙으로 여기저기 취업의 문을 두드리다가 중소기업에 취업하게 되었다. 하지만 당시 내가 받았던 급여는 고작 38만 원, 알바를 해도 이거보다 더 많이 벌겠다 싶은 월급이었다. 열정과 패기, 끈기로 열심히 업무를 배웠지만, 매 순간 생활비가 턱턱 막히는 상황이 찾아왔다.

경제적 활동을 하고 있는데도 힘든 상황에서 느꼈다. 아, 이것이 노력하지 않은 사람의 대가구나. 내가 선택한 가난이구나. 아마 그때부터였을 것이다. 지금의 상황을 벗어나는 특별한 방법, 어떤 '필살기'가 없을지 고민하게 된 시기가 말이다.

여기까지가 특별하지 않은 대학졸업반들, 우리나라 대부분의 20대가 겪는 일일 것이다. 실제로 대기업을 갈 수 있는 학생들은 수가 적다. 대부분의 학생들은 부모님 밑에서 일을 하거나 중소기업에 가거나 영업 일을 뛰게 되기 때문이다.

나는 이때 영업에 굉장히 거부반응이 컸다. 큰 이유는 없이, 남들이 기피하는 직업일뿐더러 사회 맨 아래 계층에 있는 사람들 같은 느낌이 들어서였다고 기억한다. 나뿐만이 아니고 주위 친구들, 부모님의 반응 역시 다르지 않았고 전반적인 사회인식이 그러한 시대였다.

그러다가 취업한 물류회사에서 흔히 말하는 사무직을 하게 되었지만 나와는 영 궁합이 맞지 않았다. 더 큰 문제는 월급에 있었는데 중소기업 특성상 월 4~500을 받는 것은 내 경력에 불가능했고, 더 많은 스펙이 필요했지만 내게 그런 무기가 있을 리가 만무했다.

결국, 1년 6개월을 채우고 일을 그만두었다. 그때 내가 살던 서울 원룸의 월세가 500에 30이었는데, 정말 고시원만큼 열악한 주거환경이었다. 나는 그때 다짐했다. 내 월급을 내가 만드는, 사장처럼 일할 수 있는 일을 찾아보자고.

2021.03
박창영

목차

2. 멘트학개론

3. 세일즈 뷰티, 외모와 영업의 상관관계

2부   부동산의 기초 지식

1. 부동산, 현장, 그리고 상담

영업을 접하다

할 줄 아는 것이 없던 나는 이곳저곳 이력서를 꽂기 시작했다. 아무리 그래도 같은 업종에서 같은 일을 하고 싶지는 않았다. 매번 밀리는 월급과 힘든 업무 강도로 우울증도 왔던 일이었기 때문이다. 구인·구직 사이트에서 신기한 글을 하나 발견한 것도 그때였다.

'연봉 1억 분양상담사 모집'

말도 안 되는 얘기라고 생각했지만, 어차피 속는 셈이면 클릭이라도 한 번 해 보자고 클릭했다. 내용을 살펴보니 모델하우스에서 근무하며 손님을 내방시켜, 계약을 성사시키면 수수료를 받고 한 달에 천만 원, 수천만 원씩도 벌 수 있다는 다단계 같은 글이었다.

하지만 궁금하긴 했다. 도대체 어떤 일인지, 또 어떻게 하는 일인지가 말이다. 그렇게 이력서를 넣었고 전화가 와서 면접을 보게 되었다. 면접 장소는 서울 발산역의 모델하우스, 당시 나는 모델하우스가 뭔지, 분양이라는 단어를 왜 쓰는 것인지조차도 모르고 있었다.

내용인즉 이러했다. 팀장과 분양 직원이 있는데 한 팀으로 움직인다. 그럼 직원은 TM 및 전단지 활동으로 손님을 모델하우스에 '방문'을 시키고 1차 상담 후에 본인의 팀장에게 2차 상담을 연결한다. 이후 계약서를 쓰게 만들면 수수료를 받는다.

모르면 용감하다고 했던가. 왠지 쉽게 느껴졌고, 당시 면접을 봤던 팀장님도 아주 신뢰가 가는 스타일이었다. 그리고 결정적으로 내가 찾고 있던 일이었다. 내가 노력하고 나만 잘하면 인정받을 수 있는 일, 술도 접대도 하지 않고 인생에서 사장님이 될 기회라고 생각했으니 말이다.

그리고 탈락 통지가 왔다. 키가 크고 눈이 삼백안이라 손님 응대가 어려울 것 같다는 탈락 사유를 듣고, 나는 팀장님을 찾아가 끈덕지게 매달렸다. 한 번만 해 보겠다고, 못 하거나 실수하면 바로 나가겠으니까 일단 배우게만 해 달라고. 그렇게 간신히 기회를 잡아 모델하우스에 출근하게 된다.

당시, 나는 할 줄 아는 것이 정말 없었다. 아마 20대가 가장 많이 듣는 소리가 아닐까? 너 할 줄 아는 게 뭐냐, 하는 말에 '난 OO를 잘합니다' 라고 말할 수 있는 20대는 많지 않을 것이다. 그때 나에게 가진 강점이라면 바로 끈질김과 어그레시브한 성향이었다. 달리 보면 약점이었을 수도 있지만, 초반에는 이 두 가지 특성이야말로 바꿀 수 없는 강점이 되었다.

이 팀장님은 교육을 참 잘 해주는 사람이었다. 지금 생각해 보면 이런 팀장이 과연 분양 판에 또 있을까 싶을 정도로 내게 지극정성이었다. 때론 무섭기도 하고 까칠하기도 했지만, 나의 인생에서 돈을 벌 수 있도록 가장 많은 가르침을 준 사람이라고 뽑고 싶다. 아래 직원들에게 본인의 노하우나 테크닉을 전수하는 것에 아낌도 없었고, 설명 솜씨도 탁월해서 이해가 쉬웠다.

TM*할 때 팀장님의 조언은 손님에게 조금 더 끈질기게 붙어서 이야기 해보라는 것이었다. '잠시만요'의 마법이었던 것일까, 손님들이 내 전화를 듣기 시작했고 방문자가 늘기 시작했다. 그 당시 모델하우스에 일하는 직원들이 120명이었는데 입사 1달도 안 된 내가 웬만한 경력직들을 찍어 누르고 방문 손님 순위 1등을 하게 된 것이다

아무것도 할 줄 몰랐던, 아무 스펙도 없던 나에겐 꿈 같은 시간이었다. 내가 학과 수석을 차지하고 장학금을 받았다면 이런 느낌이었을까? 높은 학점을 받고 대기업에 어렵잖게 입사했다면 비슷한 기분이었을까? 지금 돌이켜 봐도 유치하기 짝이 없는 생각이지만 고민하고 방황하던 20대의 내가 처음으로 나 자신을 칭찬했던 경험이 아닐까 싶다.

---

* TM 텔레마케팅: 판매업체 또는 콜센터 등의 대행업체가 소비자에게 전화를 걸거나 소비자가 전화를 걸도록 촉구하여 상품을 소개하거나 권유함으로써 계약을 체결하는 것을 목적으로 하는 영업방식의 일종이다.

영업맨, 책을 쓰다

왜 이 책을 쓰게 되었나? 누군가 묻는다면 이렇게 답하고 싶다. 부동산 경기에 대해 가타부타 말이 많지만, 지금만큼 불황이었던 적은 없는 것 같다. 수요자나 공급자나 힘든 상황인 것은 마찬가지다. 또한, 업계에 근무하고 있는 시행사, 시공사, 대행사 역시 역대 최악의 상황에 처해 있다.

이유야 여러 가지가 있겠지만, 우리 분양인들의 기준에서 본다면 첫째는 정책이고 두 번째는 분양가 때문이다. 정부의 부동산 정책은 점점 강력하고 무자비한 규제의 칼날을 휘두르고 있다. 그 시점에도 땅값과 공사비는 연일 오르며 분양가는 최대치를 기록하고 있다.

내가 처음 분양하던 시점에는 5~6평대의 수익형 부동산이 월세를 받기도 좋고 팔기에도 편했다. 현재의 시점에선 그런 부동산들의 분양가가 죄다 5~6천만 원씩 올랐다. 거기에 엎친 데 덮친 격으로, 은행에서도 분양하는 물건을 RISK 형태로 보고 있어 크게 도와주지 않는다. 대출 또한 어떤 방식으로든 꽉꽉 막혀있기에 손님과 시행사 둘 다 이러지도 저러지도 못하고 있는 상황이 많다.

영업사원들도 문제다. 모델하우스에 오기만 한다면! 하는 생각으로 무작정 기다리기만 한다. 우리는 할 말도 많고 재주도 많은 사람인데, 모델하우스에 방문시키는 방법과 영업 방법들이 구식이니 잠재력이 발휘될 리가 없다. 누구 하나만의 잘못으로 이런 상황이 온 것은 아니라는 소리다. 물건의 판매 난이도는 올라가고 분양성은 점점 사라지는 이 시점에,

조금이나마 내 노하우를 공개하여 이 시장에 새로운 돌파구를 만들고 싶어서 책을 쓰기로 마음먹었다.

분양의 정석은 단순히 손님에게 조르는 식의 영업을 소개하지 않는다. 손님이 먼저 우리에게 찾아오는 영업, 영업사원이 매달리는 것이 아닌 손님이 손을 내미는 영업을 하게 된다면, 손님에 대한 스트레스도 줄어들 것이고 시간적인 여유도 훨씬 더 생겨날 것이다.

그래서 나는 거점영업, 현수막 등의 비효율적인 방법은 제외하고 내가 원하는 고객을 정확히 타겟팅하여 그 사람들을 어떻게 만날 수 있을까, 에 대한 HOW TO를 담으려고 최대한 노력하였다.

분양영업은 최초 시행사와 시공사가 시공과정에서 부동산을 계약시키고 파는 과정을 말한다. 하지만 당장 보이는 위치와 물건만으로는 그 가치를 누군가에게 인정시키기 어렵다. 능숙한 마케팅과 확실한 영업력이 갖춰져야 소비자도 공급자도 이 물건의 가치를 이해할 수 있다.

예전에는 아파트도 많이 분양하고, 흔히 말해 내가 잘하지 못해도 '물건이 팔아 주는' 팔기 쉬운 물건들이 많았기 때문에, 영업사원들도, 부동산도 호황기였지만 지금은 시대가 바뀌었다.

현재 분양판의 영업은 조직분양의 형태로 많이 바뀌어있다. 한때 아파트 분양을 많이 하던 때에는 데크스 및 소수로 상담을 많이 하곤 했지만, 현재 아파트 물량은 그대로 유지가 된다 하더라도 아파트는 영업력보다는 브랜드, 입지별로 선호도가 갈려서 사실 영업조직이 필요가 없는 경우가 대부분이다

왜 영업을 해야 하는가?

주변에서 영업을 시작하는 계기는 대부분 비슷한 경우가 많았다. 좋은 대학을 나오지 못해서 타 직무에 접근하지 못하는 케이스들도 많이 보았고 그것이 아니라면 대부분 경제적으로 힘든 상황에서 어떤 돌파구가 필요했던 분들이 많이 눈에 보이고는 했다

결론은 우리가 영업하는 이유는 '경제적 자유'를 조금 더 빨리 누리기 위함이다. 월급을 받는 월급쟁이와 월급을 만드는 영업사원의 마인드는 기본적으로 다를 수밖에 없다. 다달이 들어올 돈이 없는 영업인의 불안정함은 상상을 초월하지만, 그 바닥을 찍고 올라오기만 한다면 둘 사이의 격차는 어마어마해진다. 인공지능에 밀리고 스마트폰에 밀리고 직업이 점차 사라지는 이 시대, 결코, 죽지 않는 직종이 바로 영업직이다.

누구보다 더 빠르게 어떠한 사회에서도 적응하고, 사람들의 심리를 간파하며 그것에 대한 해결책을 내놓는 직종은 결과적으로 영업인들이다. 잠시 주위를 둘러보자. 예전에는 평범하던 친구나 지인이 갑자기 번듯하게 성공을 거뒀다면? 영업직에서 어떤 탁월한 성과를 나타내서 인생이 변했을 확률이 높다.

필자는 그 영업 중 꽃을 부동산영업이라 단언하고 싶다. 세상엔 많은 영업직군이 존재한다. 부동산, 자동차, 핸드폰 보험 등. 그런데도 분양을 추천하는 이유는 파이가 크기 때문이다. 파이가 크면 우리가 가져갈 수

있는 수수료 및 인센티브 구조도 굉장히 파격적이다.

얼마 전에 보험영업을 하는 동료를 만나고 굉장히 놀랐던 기억이 있는데, 월 1천만 원. 즉 연봉 1억 정도 되는 것이 무척 어렵다는 이야기를 들었기 때문이다. 분양에서 1억이란 어쩌면 6개월 만에도 가능한 수치다. 아무래도 분양가 단위 자체가 최소 1억부터, 많게는 수십억까지 넘어가는 경우가 많으니 일하는 영업사원들이 먹을 수 있는 파이 역시 커지는 것이다. 또 부동산영업을 오래 하다 보면 공사나 시행 쪽으로도 눈을 돌릴 기회가 온다. 그러면 리스크는 커지지만 먹을 수 있는 파이 역시 지금보다도 훨씬 더 커진다.

또한, 다른 영업과 다르게 우리에게는 '모델하우스'라는 본진이 있다. 영업사원들이 손님들과 미팅을 잡고 밖에서 만나는 게 아니라, 모델하우스로 '방문'을 시킨다는 점이 부동산영업의 특징이다. 이는 단점이기도 하고 장점이기도 하지만 기본적으로 운전을 못 하거나 거동이 불편한 영업인들에겐 큰 메리트가 된다. 가장 중요한 것은 어쨌거나 손님들이 나를, 정확히는 모델하우스를 보러 온다는 것이다. 그래서 '나는 어떤 영업을 해야 할까?'라고 묻는 친구들이라면 분양영업을 하라고 자주 권한다.

분양영업에서 제일 중요한 것은 긍정적인 자세와 마인드다. 허황된 꿈을 꾸어도 상관없다. 계약 천 개 성공, 이천 개 성공, 이런 식도 좋다 대신 꿈만 꾸지 말고 아침에 출근하면 목표를 이루기 위한 방법을 노트에 꼭 적어라. 예를 들어 계약 천 개를 위한 방법이라 한다면 1, 블로그 포스팅. 2, 부동산영업 하루 몇 개. 이런 식으로 목표를 이루기 위한 실천

방안을 사소한 것부터 적어나가라는 말이다.

지금 당장 목표가 허황되어 보인다고 포기하면 안 된다. 현대인들이 쓰는 스마트폰, 블루투스 기기들은 모두 과거 허황된 이야기였으나 지금은 안 쓰는 이상한 제품들이다. 분양영업도 같다. 조금은 허황되고 어이없는 목표일지라도 분명히 방법은 있고, 그 방법은 평생 본인에게 면역항체처럼 남아 본인과 주변을 이롭게 할 것이다.

생각만 해선 답이 없다!
지금 행동하고 움직여야 하는 이유

모든 사람은 완벽해진 다음에 뭔가를 하려는 습성이 있다. 그런데 실제로 모든 사업과 영업들이 완벽해진 상태에서 이루어진 경우는 드물다. 분양영업 또한 마찬가지다. 대부분의 영업사원들이 준비과정에서 너무 많은 에너지 소비와 생각을 하게 된다. 이 과정이 길어지면 길어질수록 영업력이 떨어지게 되는 것은 물론, 수정과 보완 과정도 힘들어지게 되는 경우가 많다. 예를 들면 랜딩페이지2, 문자, 전단지들을 만들고는 있지만, 생각이 많아서 준비에만 그치고, 행동으로 옮기지 않은 경우 현장이 갑자기 끝나버리는 경우도 왕왕 있다.

분양에서는 조직의 후광이며 분위기라는 것이 분명 존재한다. 다른 영업 또한 마찬가지겠지만, 영업적으로 전투적인 분위기가 형성되는 이 시간이 그렇게 길지 않다는 것이다. 현장을 시작하면 짧게는 2달, 길게는 3~4달 정도 분위기가 후끈 달아오르다가 서서히 죽어가기 시작한다. 행동이 늦어지면 이 과정은 더 빠르고 쉽게 온다. 조직관리자들은 언제나 영업사원들에게 생각보단 행동을 먼저 강조하고 일단 움직이게 하는 것이 중요하다고 말한다. 노력 없는 계약은 없는 법이니까 말이다.

꼭 하고 싶은 말이 있다면 미완성이라도 좋으니 생각은 멈추고 전화를 들어라. 오늘까지 만들고 내일 열심히 하자 마인드가 아닌, 오늘 하루만 열심히 하자! 라는 마인드로 바꾸어야 한다. 또 신기한 건 하늘은 자기를 돕는 자를 돕는다는 말의 진실성이다. 일단 움직이고 행동하다 보면 어떻게 되기 마련이더라. 이 과정에서 많은 실수가 나오고 성과가 없을 수도 있지만, 그 자체가 내게 남는 점이다. 나는 그것으로 더 발전할 것이고, 더 보완되어 어제보다 완벽해질 것이기 때문이다. 아무리 내가 실력이 좋고 브리핑이 좋다고 하여도 브리핑 횟수가 줄어들면 결과적으로 갈아 놓은 칼은 무뎌지기 마련이다.

　어떤 목표를 정했으면 무조건 실행을 먼저 하는 습관을 들여야 한다. 그것이 되지 않으면 내일 해야지, 라는 목표가 1년이 되고 5년이 된다. 그리고 10년 뒤에는 난 역시 안 된다는 부정적인 마인드로 바뀌게 되고 만다. 나 또한 책을 쓰고 싶은 생각은 몇 년 전부터 있었지만 쉽게 엄두가 나지 않아 행동으로 옮기기까지 몇 년이나 걸렸다. 이 순간, 바로 지금이 아니면 정말 만들지 못하겠다는 마음으로 글을 썼고, 쓰면서 누구나 할 수 있을 것 같은 자신감을 가지게 되었다.

분양상담사의 마인드 set up

꿈과 목표가 확실한데도 불구하고 성공하지 못한다면, 그 이유는 무엇일까? 바로 꿈과 목표를 현실로 만들려 생각하지 않기 때문이다. 앞으로 어떻게 살아가야 성공할 수 있을지 하루하루 생각하며 행동을 꾸준히 발전시켜야 한다는 이야기다.

물론 꿈을 가지는 것도 어려운데 생각을 매일 하는 것은 더욱 큰 정신적 스트레스일 수 있다. 바로 이 집중력 부족이 성공하지 못하는 두 번째 이유다. 생각만으로는 아무것도 바뀌지 않는다. 생각한 다음, 행동으로 옮겨야 아주 작은 것이라도 바뀌기 마련이다. 조금씩이지만 차츰 바뀌어 나가는 삶, 그것이 분양인들이 원하는 영업인생이 아닐까 싶다.

마음먹은 대로 행동할 수만 있다면 이 세상에 성공하지 못할 사람이 어디 있을까? 이처럼 실천력의 부족이 성공하지 못하는 이유 중 가장 큰 역할을 한다. 다만 눈먼 최선은 최악의 결과를 낳는다는 말을 명심하도록 하자. 자칫 잘못하면 사고만 치고 결과는 나오지 않는, 최악의 성적표를 받아들 수도 있다. 이 아래는 우리의 분양 성적표를 더 화려하게 만들어 줄 방법을 적어 보았다.

비전설정: 꼭 이루고 싶거나 성공시켜야 하는 것을 적는다. 예를 들면 현장계약 50개를 쓸 수 있을까? 라는 질문을 노트에 적어 보도록 하

자. 그리고 그것에 대한 답을 하나하나 적어나가는 쉬운 방법이다. 계속 쭉쭉 쥐어짜서 적어 보며, 질문은 무엇이든 상관없다. 어떻게 하면 전단물을 잘 만들 수 있을까부터 어떻게 하면 목표량을 채울 수 있을까? 등등, 사소하고 유치한 내용이라도 답이 나오면 그 중 오늘 당장 실천할 수 있는 것에 체크한다. 그리고 무슨 일이 있어도 체크된 것은 실천한다. 목표를 세웠다면 순서대로 정리하여 진행해야 의미가 있는 법이다.

TO DO 리스트 만들기: TO DO 리스트는 우리가 업무를 끝내고 '해냈다'는 뿌듯함을 얻을 수 있는 쉬운 방법이다. 말 그대로 할 일 목록을 만드는 것인데, 업무 시작 전과 업무마감 후의 목록 작성법이라 할 수 있겠다. 우선 출근하자마자 종이에 오늘 할 일을 5가지 적는다. 그리고 그 5개를 중요한 업무 순으로 순위를 매긴 뒤 1번부터 즉각 시작한다. 중요한 점은 1번을 끝내기 전에 다른 업무를 절대 하지 않는다는 것이다. 이렇게 하다 보면 밀린 업무들이 생기는데, 그것들은 다음날 또 리스트를 만들어 1번부터 업무를 보면 된다. 너무 간단해서 굳이 이렇게 해야 할까? 생각할 수 있지만, 본인의 포지션이 팀장이나 본부장이라면 직원들을 통솔하고 실천하게 하는 데 아주 효과가 좋다.

반성하기(1일 3성): 반성은 잘 쓰면 좋은 칼이다. 반성하면서 하루를 돌아보면 뭐라도 바뀌게 되는 것이 자명한 일이다. '내가 영업하거나 업무를 보며 소홀했던 것이 무엇이었을까?', '잘못을 예방하려면 어떤 것을 해야 하나?', '개선할 수 있었던 것이 무엇인가?', 이런 질문을 스스로에게 던지는 것이다.

채점표: '우리들의 목표 성공 채점표'라 보면 된다. 하루하루를 평가해서 채점하는 것인데, 이 역시 만드는 법이 아주 쉽다. 학교 다닐 때 만들었던 시간표처럼 월~금요일을 써 놓고 내가 성공하기 위해 매일매일 해야 하는 것을 써 놓으면 된다. 목표는 쉬워도 좋다. 30분 운동, 금주, 담배 줄이기 등등 총합이 100이 되게 만든다. 하루를 실천하고 나면 점수가 나오는데, 그 점수를 보고 어떤 것이 부족했는지, 어떤 것을 잘했는지 파악할 수 있다. 이 채점표를 일주일만 해 봐도 확 달라지는 것이 느껴질 것이다. 추후에 익숙해지면 다양한 응용법도 생기는데, 일주일에 평균 80점 이상이면 본인에게 보상해 준다거나 50점 이하라면 본인을 더 타이트하게 몰아붙이는 것이 가능하다.

1부

분양영업의 정석과 기초

1. 영업프로세스 구축

1-1. 나만의 프로세스 구성법

영업 또한 자기 자신의 사업이라고 생각하고 프로세스(사업계획)를 만들어야 한다. 마구잡이식 영업, 무분별한 영업은 2020년 이후에는 통하지 않음을 명심하여야 한다. 투입한 현장의 분양가 및 부동산의 성격에 따라 어떤 사람들을 대상으로, 또 어떤 식으로 영업할 것인지 프로세스를 만들어야 한다.

어떤 프로세스를 만들 것인가에 대한 대략적인 예를 들어보겠다.

1) 투입한 물건에 대한 확실한 이해 및 selling point 작성

2) 위치에 따른 지역, 연령대, 컨셉(소액투자 및 연금형태) 및 타겟팅 잡기

3) 타겟팅 이후 DB 추출하기(온라인 및 오프라인)

4) 손님을 유인할 수 있는 미끼를 만들기

5) 내방시킬 수 있는 멘트 및 방법 만들기

6) 브리핑

영업 방법은 다양하지만 여기서는 총 4가지를 다룬다.

찾아가는 영업이 아닌, 찾아오는 영업 방법에 대한 설명이다.

1) TM 2) 외부영업 3) 부동산영업 4) 온라인

TM을 할 때, 모델하우스 인근 어떤 사람들을 대상으로 할 것인가?

효과적인 전단물을 만드는 방법은 어떤 것인가(어떻게 인콜을 띄울 것인가)?

어떻게 DB를 확보할 것인가?

블로그, 페이스북을 어떻게 활용할 것인가?

전부 중요하나, 핵심은 고객을 내방시키는 방법이다.

나에게 사야만 하는 이유!

프로세스를 설정하고 타겟팅을 정하는 것도 좋다. 하지만 가장 중요한 것을 빼먹어서는 안 된다. 바로 '고객이 나에게 사야 하는 이유'에 대한 것이다.

우리는 결과적으로 같은 물건, 혹은 비슷한 수준의 물건을 팔게 된다. A라는 현장이 있는데 분양가가 2억이고 B라는 현장은 2억1천이다. 입지도 비슷하다. 그렇다면 무조건 1천만 원이 저렴한 A 현장의 영업사원이 유리한 것일까? 절대 그렇지가 않다

이 이야기는 다른 현장에서도 동일하게 나타나는 현상이다. 같은 물건을 파는데도 불구하고 A라는 신입 영업사원은 오자마자 20개씩 계약을 쳐내고, B라는 영업사원은 경력이 있음에도 불구하고 고전하는 경우를

많이 본다. 단순히 신입의 패기 때문이라 볼 순 없는 부분이다.

이런 경우, 대부분 영업사원들은 '나에게 사야 하는 이유'라는 포지션을 잡지 못한다. 타겟팅 설정을 하지 않고 무분별한 영업을 하면 결과가 나쁠 수밖에 없다. 입지설명, 호재설명, 멋지게 하는 것은 다 좋다. 하지만 우리가 더 집중해야 하는 건 '그럼에도 불구하고 꼭 나에게 사야 하는 이유'를 만들어야 한다는 것이다.

손님에게 확실한 이득을 제시하자

전단물을 만들 때, 문자를 보낼 때, 단순한 영업에서도 마찬가지다. 손님이 나에게 사야 하는 이유를 명확히 만들었다면 한 가지 더 필요한 것이 있다. 바로 각 현장마다 '이 현장이 손님들에게 주는 확실한 이득'에 대한 것이다.

대부분의 영업사원들이 이 또한 모자라게 브리핑을 시작한다. 물론 이 브리핑 안에는 알게 모르게 손님들에게 이득을 제시하는 용어들과 말들이 들어가 있을 것이지만, 조금 더 확실한 이득을 제시해서 selling point를 만드는 것이 중요하다.

그럼 확실한 이득이란 무엇일까? 수익형 부동산이라면 수익에 대한 이득을 말하는 것이겠고, 차익형 부동산이라면 확실한 차익을 말할 것이다. 절세 또한 이득에 속한다. 좀 더 나아가 '호실'에 대한 이득이 있다면 어떨까? 손님들에게 보다 유니크한 호실을 줄 수 있는 모양새를 짜 놓는다면 확실한 이득으로 다가갈 수 있을 것이다.

두 번째는 감정적인 이득, 정신적인 이득이다. 우리가 신나게 떠들고 웃고 놀고 집에 갈 때를 생각해 보라. 금전적으로는 돈을 쓸 뿐 영양가 없는 자리였지만 이 친구들은 나에게 '감정적인 이득'을 준다. 우리와 손님이 만났을 때를 생각해 보자. 단순히 이 물건을 사게 한다 했을 때, 현실적인 프리미엄 월세 등등은 어느 정도 뻔한 이야기다. 그때 제일 중요한 것은 이 물건을 가져감으로써 노후보장, 혹은 내가 일을 하지 않아도 다달이 들어오는 월급이나 연금 같은 형태의 '감정적으로 심적으로 안정적이다'라는 이득을 제시하는 것 또한 좋은 방법이다.

이렇듯 손님에게 브리핑할 때 1. 실질적인 이득, 2. 감정적인 이득, 저 두 가지를 현장마다 만들어가면서 브리핑에 섞어 진행하는 것이 좋다. 이 부분은 문자나 전단물을 만들 때도 적용이 된다.

1-2. 매 현장마다 프로세스 만들기

분양인들은 3~4개월 혹은 1년에 한 번씩 현장을 옮긴다. 때에 따라서 끝까지 상주하는 경우도 있지만, 물건이 완판되거나 분양성이 없다고 판단이 되면 현장을 이동해야만 한다.

그럴 때마다 우리의 영업에는 프로세스가 필요하다.

프로세스는 어떻게 보면 사업하는 사람들에겐 '사업계획서'와 비슷하다고 할 수 있다. 대부분의 분양인들은 물건 숙지를 하루 이틀 만에 하고, 짧게는 2시간 만에도 한다. 그런 다음 바로 전화기나 전단지를 손님과 대화한다. 틀린 것은 아니다. 다만, 더 명확하고 체계적인 프로세스를 잡고 영업을 한다면 매출을 더 끌어올릴 수 있을 것이다.

현대의 영업판에선 성공적인 영업방식을 사용해야 성공할 수 있다. 분양을 시작하고 나서, 길을 걷다 정장을 입고 배지를 찬 사람들만 보면 분양영업사원 같은 느낌이 들었다. 평상시 보이지 않던 나의 경쟁자들이 눈앞에 나타나기 시작한 것이다. 이것이 우리가 가진 악조건 중 하나다. '경쟁상대'가 주변에 너무 많다는 것!

다른 경쟁상대는 넘쳐나는 경쟁상품이다. 선배님들의 이야기를 들어보면 분양 안 되는 물건보다 분양이 잘 되는 시기가 분명 있었다고 들었는데, 앞으로 과연 그런 시대가 다시 올까?

또 다른 악조건으로는 인터넷을 꼽을 수 있다. 요즘 손님들은 분양인들보다도 더 많은 정보를 알고 있다. 우리가 파는 물건, 파는 지역에 대해 분양인이 가장 잘 알아야겠지만, 본인들의 검색결과를 더욱 신뢰하는 손님들을 수두룩하게 볼 수 있다.

이런 세상에서 우리가 분양하고 있다는 것을 명심해야 한다. 하지만 난세에 영웅이 있는 법, 위기를 기회로 남들이 못 파는 물건들마저 팔아 버리는 사람이 존재하는 것도 현실이다.

계약을 쓰는 사람 vs 못 쓰는 사람

나는 계약을 1개를 썼는데, 옆에 있는 A 부장은 10개를 썼다고 가정하자. 이 사람과 나는 일하는 시간이 10배의 차이가 날까?

당연히 아니다. 열심히 일한다고 계약을 많이 쓰는 것이 아니라면, 어떤 차이가 있는 것일까.

1) 진성 손님 상담개수
2) 계약확률
3) 계약의 규모

저 세 가지에서 차이가 난다. 위의 3문항에서 처음 말했던 프로세스를 만들어야 한다. 영업사원들이 현장에 투입되고, 현장 숙지를 한 후 모델하우스 근처에서 마구잡이식으로 영업하면 열에 아홉은 결과가 좋지 않다. 우리가 하는 분양영업을 사업이라고 생각하고, 아이템(투입한 현장)+사업계획서(프로세스)를 만들고 시작한다고 가정해보자.

아래처럼 한번 영업 바운드를 설정해 보면 지금보다 훨씬 더 매출이 늘어날 것이다.

– 고객을 끌어들일 미끼는 무엇인가?
– 그 고객을 입금하게 하는 낚싯대는?
– 그 고객들과 접촉할 수 있는 채널 만들기
– 어떤 방법으로 메시지를 전달할 것인가?
– 전문가처럼 보이는 방법은 무엇인가?
– 고객이 먼저 인콜, 문자를 보내서 찾아오게 하는 방법은 무엇인가?

매 현장마다 광고조건과 물품지급 조건이 다르지만, 현장투입을 하자마자 현장의 모든 것을 분석한 뒤 손님들을 방문시키기 위한 미끼를 만들면 어떤 결과가 나올까?

사업계획서 = 프로세스(타겟팅, 미끼, 포인트)

① 프로세스 1단계 타겟팅

1번은 타겟팅이다. 팔아야 할 물건이 오피스텔일 수도 있고, 상가일 수도 있고 오피스일 수도 있는 이 상황에서 물건을 어떤 사람들에게 팔지부터 설정해야 한다.

여기서 말하는 타겟은 단순히 어느 지역에 사는 사람, 이런 류의 모호한 타겟이 아닌 '20대, 30대 등, 어린 나이지만 미리 연금을 받고 싶어 하는' 등의 확실한 타겟이다. 내가 만약 분양가 1억짜리 오피스텔을 팔고 있다면 실투자금 5~6천만 원이면 가능할 것이다. 그럼 5~6천만 원을 모은 직장인들을 타겟으로 할 수도 있고, 아니면 퇴직금으로 투자하는 사람들을 타겟으로 정할 수도 있을 것이다.

대부분 영업사원들은 모델하우스 인근에 있는 지역 주민들을 상대로 영업한다. 거기서 멈추지 않고, 더 세분화시켜서 모델하우스 내방부도 계약까지 계단을 만들어 두는 것이 영업하기에 더욱 유리하다. 어떤 사업을 하든 타겟팅은 필요한 작업이다. 오징어를 잡기로 했는데, 뜬금없이 서해안 앞바다로 가서 낚시한다고 오징어가 잡히지는 않기 때문이다. 이 타겟팅만 선정을 잘해도 맨땅에 헤딩할 일은 줄어들고 효율적인 영업을 할 수 있다

② 프로세스 2단계 미끼

2번은 미끼다. 오징어를 잡기로 했으면 오징어를 잡을 미끼가 있어야 한다. 낚싯대에 맞는 정확한 미끼를 써야 원하는 고객을 낚아 올릴 수 있다.

미끼는 니즈 파악이 중요하다. 관심이 큰 손님과 중간 손님, 적은 손님이 있는데, 여기서 이 사람이 진성인지 아닌지를 구별할 수 있는 미끼도 있고 이 사람에게 신뢰를 줄 수 있는 미끼도 있다. 낚시로 비유하자면 물고기마다 좋아하는 미끼가 다 다르다는 것이다. 오징어의 밑밥과 메기의 밑밥이 같을 수는 없다. 현재 우리나라 영업직종 대부

분의 미끼는 정보, 경품, 샘플, 할인, 서비스, 체험, 멤버십, UCC 등 다양한 형태로 나뉘어 있다.

가장 중요한 것은 1번과 2번이 유기적으로 이어져야 한다는 것이다. 다시 1번으로 돌아가자. 프로세스를 20대에 월급통장 3개 가지고 싶은 사람에 맞춰 진행하는데, 부동산 초보가 사기당하지 않는 방법을 미끼로 쓴다면 타당한 연계다. 그런데 고급 각티슈 등 일반적인 모델하우스 미끼는 큰 의미가 없다. 상품과 연관성, 고객들의 필요성, 이 두 가지가 핵심이지만 까 보기 전까진 모르니 나는 '정보'를 미끼로 만들었다.

부동산을 알아보는 손님 중, 각티슈나 물티슈가 집에 없어서 모델하우스에 오는 경우는 당연히 드물다. 모델하우스 방문을 한다고 해서 저렴한 상품권을 줘 봤자 효율은 떨어진다. 그래서 당시 만들어 배포한 것이 '초보들이 부동산 사기당하지 않는 방법'이라는 제목의 소책자였다.

내가 맡았던 현장은 분양가 1억8천 대에 6평짜리 오피스텔이었는데, 실투자금 6~7천만 원대에 공사 기간 3년짜리였기에 30~40대 직장인들을 상대로 영업해도 충분히 계약할 수 있다는 판단이 섰다.

그래서 필자는 '30대 직장인 중 월급 없이 생활하고 싶은 사람'을 타겟팅으로 잡았다. 타겟팅 목표 중에는 부동산 계약은커녕 월세 계약만 해본 사람이 대부분이었고 이런 이들을 상대로 소책자는 굉장한 반응을 일으켰다. 놀랐던 것은 소액투자형태의 수익형 부동산에 20~30대도 생각보다 관심이 많다는 것, 그리고 투자 여력이 있다는 것이었다.

그렇게 지속적으로 상담을 하다가 문제가 발생했다. 바로 30대 직장인

들이 몰려 있는 곳을 계속 찾아야 하고, 이 중 니즈가 있는 사람을 효율적으로 물색하기 어렵다는 점이었다

여기서 중요한 것은 바로 '포인트'다. 낚싯대를 만들고 미끼를 만들고, 이제 낚시를 한다고 했을 때 사막을 갈 수는 없는 노릇이다. 어떤 타겟을 잡았다면 그 타겟이 모여 있는 곳을 찾아서 낚싯대를 던져야 한다. 고객들의 반응을 끌어내야 하는 곳에서 영업해야 효율이 좋은 법인데, 대부분의 분양인들은 길거리 전단, 마구잡이식 TM을 진행하는 경우가 많다.

이런 방법이 나쁘다거나 잘못됐다는 것은 아니다. 다만 너무 많은 시간과 기회비용이 소모된다. 지속적으로 분양가가 오르고, 물건의 난이도도 오르는 이 시점에선 더 이상 효율이 나오지 않는다는 것이 내 생각이다. 그럼 어디서 어떻게 영업을 해야 고객들에게 인콜을 유발하거나 니즈가 있는 사람들을 찾아낼 수 있을까?

포인트: 낚시에서 포인트란 무얼까. 낚시도 운으로 하는 사람이 있고, 실력으로 하는 사람이 있다. 포인트를 잘 아는 사람은 낚는 물고기 자체가 다르다. 영업도 마찬가지다. 타겟을 정했으면 그 타겟이 있는 명당을 찾아야 한다. 타겟팅과 포인트는 항상 따라다니는 형태인데, 타겟팅을 정하면 그 타겟팅이 있는 채널, 포인트를 정하는 것을 동일선에 두고 업무를 봐야 한다.

포인트란 해당 타겟이 있는 채널을 생각하면 된다. 실투자금 7천만 원짜리 오피스텔을 팔고 있다면 이 실투자금에 맞는 타겟들이 몰려 있는 곳, 그곳을 포인트 채널이라 생각하고 어떻게 접근할지에 대한 고민을 해야 한다. 포인트의 종류는 온라인포인트와 오프라인 포인트로

구분된다.

온라인: 요즘은 대중교통이나 걸어 다닐 때 핸드폰을 안 보는 사람을 보기 힘들다. 그만큼 정보에 우리 모두 노출되어 있다는 뜻이다. 일반적으로 키워드광고, 블로그 등등의 형태로 진행되고, 이런 채널들을 이용하는 것도 좋은 방법이지만 본인에게 가장 좋은 채널을 찾는 것이 중요하다. 블로그나 키워드광고도 좋다. 한 가지 신기한 건 대부분의 영업직종은 이제 오프라인 영업을 많이 하지 않는다는 것이다. 법인영업이라던가 기업미팅이 있을 때는 어쩔 수 없이 오프라인으로 영업을 진행하지만, 대부분의 접근 단계에서는 온라인을 활용하는 경우가 훨씬 많다. 물건도 물건이지만 고객들은 그 물건에 대한 정보를 더 먼저 알고 싶어 하고, 그것을 대부분 온라인으로 캐내는 경우가 많다는 것이다.

내가 주로 활용했던 부분은 바로 '카페 마케팅'이다. 일단은 위에서 말한 것처럼 타겟 선정이 가장 처음이다. 다음, '월세를 받고 싶어 하는 주부'라는 타겟을 정한다면 어디로 가야 할까? 당연히 맘카페 등 주부들이 많이 몰려 있는 곳으로 가야 한다. 여기서 쪽지를 보내거나 글을 쓰는 방식이 온라인으로 전단지를 나눠 주는 것과 같은 행위니 말이다.

오프라인 포인트: 기본적인 돌방이 대표적이다. 오프라인으로 영업해도 효과를 보지 못하는 이유는 같은 광고를 똑같은 방법으로 하기 때문이다. 그럼 오프라인을 어떻게 활용해야 제대로 된 영업을 할 수 있

을까? 제휴점과 키맨을 만드는 것이 중요한 포인트다.

콘셉트별 포인트: 온라인, 오프라인이랑은 조금은 다르지만 겹치는 부분이기도 하다. 고객들이 나를 찾아오는 특별한 EVENT를 만드는 것인데, 꼭 거창하고 클 필요는 없다. DB를 확보할 수만 있다면 작은 이벤트라도 무방하다.

대부분 휴지나 아주 소액의 사은품부터 시작하지만, 위에서 언급했듯이 필자는 '부동산을 살 때 절대 사기당하지 않는 방법'이라는 소책자를 만들어서 모델하우스 손님들에게 내방 시 나눠주었다. 결과는 대성공이었고, 손님들에게 내가 전문가처럼 인식되는 좋은 미끼였다.

1-3. 효과적인 전단물 만들기

아마 분양영업을 하는 영업인들이 가장 많이 활용하고, 쉽게 접할 수 있는 영업 방법일 것이다. 이 경우 대부분 모델하우스에 비치된 전단물을 활용하거나 본인이 직접 제작한 전단지를 나눠주기 마련이다. 전단물도 프로세스와 똑같이 타겟팅이 들어가야 하지만, 위에서 설명한 내용이므로 전단지를 만드는 기술적인 면에서만 설명하겠다.

전단지의 기본적인 목적은 무엇일까? 쉽게 말해서, 전단지를 본 누군가가 날 찾아오게 하는 것이다. 전단지는 화려하거나 예쁠 필요가 없다. 영업사원들의 기본심리는 '전단지를 예쁘게 만들면 인콜이 들어오겠지?'지만, 전혀 그렇지 않다. 예뻐서 나쁠 것은 없지만 예쁘지 않더라도 전단지 내용만 잘 들어가 있으면, 즉 모델하우스에 방문하게끔 유도만 되면 그 전단지는 좋은 전단지다.

그럼 어떻게 하면 전단지를 보고 전화를 유도할 수 있을까? 전단물에는 꼭 들어가야 하는 내용이 있다. 지금부터 알아보도록 하자.

전단지의 레이아웃

레이아웃이란 전단지를 어떤 형태로 만들 것인가? 라는 뜻이다. 기본적으로 전단지의 구성요소는 캐치 카피, 리드 카피, 보디 카피, 클로징의 4부분으로 나뉜다.

캐치 카피는 제목이다. 캐치 카피가 고객의 눈길을 잡는 제목이라면, 리드 카피는 고객의 눈길이 제목을 본 다음 쭉 아래로 읽게끔 유도하는 유도 문구라고 할 수 있다. 반면 보디 카피는 본격적인 내용, 본문이나 확실한 근거, 내용을 적어두고 구매 욕구를 유발한다. 마지막인 클로징은 손님에게 지시, 요청하는 것이다.

모든 전단지의 구성요소는 위와 같이 만들어지고 있으니 참고하는 것이 좋다.

캐치 카피란?

일종의 헤드라인이라 보면 되는데 전단지에서 가장 눈길을 둬야 하는 것이 바로 캐치 카피다. 손님의 눈길을 유도하는 문구가 필요하며 여기에 들어가야 할 문구는 문제, 해결, 미끼 이 3가지로 만드는 것이 좋다.

캐치 카피에 들어가면 좋은 키워드는?

문제: 고객이 가지고 있을 법한 문제점을 적어두는 것이다. 최소한 문제점을 가지고 있는 사람은 한 번은 눈길이 가게 만드는 것이 포인트다.

해결: 고객들의 문제점이 해결됐을 때를 상상하여, 적당하게 꾸며서 제일 위에 큰 글씨로 배치하는 것이다.

미끼: 사은품 등 무료로 줄 수 있는 것을 마찬가지로 상단 부분에 크게 배치하는 것이다.

이런 식으로 타겟들이 반응할 만한 캐치 카피를 크게, 그리고 가장 상단 부분에 배치하는 것이 중요하다. 캐치 카피에서 가장 중요한 것은 고객의 눈길을 잡는 것이다. 너무 많은 설명이 필요한 것도 아니고, 미사여구를 붙일 필요도 없다. 공감대를 형성하고 눈길을 끌면 된다.

리드 카피에 들어가야 할 글

리드 카피는 고객의 눈길을 본문으로 이끌어주는 역할을 한다. 예를 들어 캐치 카피는 고객의 눈길을 전단지로 향하게 하는 것이고, 리드 카피는 그 눈길을 붙잡아 두며 아래로 유도하는 데 있다. 캐치 카피 이후 적당한 부연설명을 하는 역할이라고 생각하자.

보디 카피란?

본문을 말한다. 글을 어떻게 쓰느냐에 따라서 검색하고 전화를 하거나, 그냥 바닥에 버릴 수도 있다. 공감과 신뢰를 느끼게 하는 작업이 바로 보디 카피에서 행해져야 한다. 그렇기에 작성 시에도 조금 더 손님들의 행위를 유도하는 것이 중요하다. 보디 카피의 구조를 뜯어서 설명하면 묘사, 동조, 유도의 형태로 만들어진다.

묘사: 타겟 고객들의 문제 상황을 묘사하거나, 해결된 상황을 묘사한다. 예를 들면 다음과 같다. '부동산 대책으로 투자할 만한 곳도 없고, 혹은 노후대비를 하긴 해야 하는데 어떻게 시작할지 모르겠고', 여기까지는 문제 상황을 묘사하는 것이다.

동조: 묘사에 이어 동조로 진행되는데, 다시 한 번 고객의 상황을 생각하면서 당신뿐만이 아니라 모든 사람이 현재 그렇다고 공감과 지지를 표하는 것이다. 맞습니다, 당신의 탓이 아닙니다, 정책의 탓입니다, 이런 식으로 고객의 편을 들어주는 것이다.

클로징은?

고객에게 지시하는 단계다. 조금 더 자세하고 확실한 지시를 하는 것이 중요하다. 여기서는 이렇게, 또 이렇게 연락을 달라며 확실한 지시를 하는 것이다. 클로징에서는 유도가 필요한데 다음과 같이 해 보자.

유도: 말 그대로 유도다. 우리의 의도대로 이끌어 오는 것으로, 위의 글들을 잘 읽었다면 유도까지는 그리 어렵지 않다. 유도의 예를 들면 다음과 같다. '이런 부동산 상황에서도 꼭 앞으로 치고 나가시는 분들이 있습니다. 투자를 잘하는 이들, 그런 사람들이 투자를 어떻게 하는지 알면 우리도 투자를 더 잘할 수 있지 않을까요? 그래서 준비했습니

다. 문자 주시는 분들에 한하여, 〈초보들이 부동산 사기당하지 않는 방법〉 소책자를 나눠드리겠습니다! 궁금하시다면 아래로 전화 주세요. 010-1234-5678.'

랜딩페이지의 목적

랜딩페이지라는 단어를 들어 본 적 있는가? 랜딩페이지란 광고 타겟팅이 된 사용자가 광고를 클릭하고, 광고자의 웹사이트로 방문하여 어떤 행위를 하도록 유도하는 것을 말한다. 그러니까 우리가 네이버 카페, 블로그, 인스타그램, 페이스북 등에서 손님들의 DB를 확보하여 어떤 행위를 유도하는 것을 랜딩페이지라 볼 수 있겠다.

중요한 것은 우리가 대량으로 문자마케팅을 하거나, 전단지를 뿌릴 때 사람들이 이 글을 읽지 않는 이유에 대해서 고민해야 한다는 것이다. 그 이유는 대부분 '읽지 못하게끔 하기 때문'이라고 봐야 한다. 예쁘고 보기 좋은 내용이 다가 아니다. 손님에게 적합한 내용의 문자가 전달되었는가, 그리고 그것이 필요한 타겟팅인가에 대한 고찰이 필요하다.

랜딩페이지는 사람으로 치면 첫인상이다. 고객이 문자를 보거나, 블로그, 웹사이트를 봤을 때 처음으로 들어오는 현장 인상이다. 고객의 행동을 유도하려면 철저한 설계가 필요하고, 확실한 보완이 뒤따라야 한다. 매력적인 랜딩페이지의 능력인 고객 설득, 이해, 행동 유발, 니즈 부여는 확실한 자료가 밑바탕이 되어야만 가능하다.

랜딩페이지의 포인트

문자든 블로그든, 어떤 영업 형태의 텍스트를 만들었다면 해당 사이트 및 해당 글에 고객이 머무르는 시간을 확보해야 한다. 상담도 마찬가지다. 손님이 유닛만 보고 가면 좋을 것이 없듯이, 어느 정도의 흥미 유발과 시간 소비를 유도하는 것이 영업사원에게 훨씬 유리하다는 말이다. 이는 전단지, 문자, 블로그 글 등 모든 수단에 해당한다.

① 랜딩페이지 만들기

누가(타겟), 왜(니즈 파악), 무엇을(동조, 강조, 유도) 기본 형태로 만든다. 쉽게 설명하면 타겟과 니즈 파악을 한 후 글을 읽도록 유도하는 것이다.

타겟팅을 했으면 그 타겟이 원할 것을 확실히 제시하라. 모델하우스 GRAND OPEN, 이런 평범한 카피 말고 더욱 자극적이고 확실한 이득을 제시해야 한다.

② 랜딩페이지의 구조
　- 역삼각형 구조(헤드 카피)

- 요약문 본문 연결고리 만들기
- 내가 무엇을 알리고자 하는가?
- 리뷰의 구성(후기)
- 글, 그림, 영상의 조화

③ 랜딩페이지 작성하기

- 캐치 카피 만들기(글 제목, 헤드라인, 헤드 카피)
- 근본적인 문제점 해결 및 욕구를 해결
- 돌리지 말고 확실한 구체적 표현
- 이득제시
- 선택기준 제시
- 문제점 지적

헤드 카피는 신문이나 어떤 책을 봤을 때 제목을 뜻한다. 헤드 카피가 적절치 않거나, 매력적이지 않으면 손님들은 내가 만든 랜딩페이지에 관심을 주지 않는다. 만약 카페나 웹사이트라면 글을 클릭하게 하기 위한 제목일 것이고 전단이나 문자면 맨 위에 들어갈 문구가 될 것이다.

④ 랜딩페이지의 구성요소

- 이미지, 사진 클릭유도, 신청유도, 전화유도
- 필요성 강조
- 이득제시, 손해제시, 호기심 자극

– 버튼디자인 및 문구, 위치, 링크 등(블로그나 SNS 사용 시)

⑤ 랜딩페이지 사용처

랜딩페이지를 만들 때는 대량 문자 및 대량 메일에 모두 사용해도 된다. 필자는 밖에서 전단지를 뿌리기가 싫어 네이버 까페나 홈페이지 등에 글을 써서 DB를 유도했는데, 글로써 손님을 유인하고 인콜을 받고 싶다면 어떠한 상황에서도 사용할 수 있다.

문자 보내기

문자를 보낼 수 있는 DB가 확보되어 있다면 바로 보내면 된다. 하지만 그렇지 않은 경우, 신청 FORM을 만들어서 DB를 뽑아내야 한다. 여기서 문자를 설명하는 기준은 DB가 어느 정도 확보되어 있다고 가정한 상태다.

문자를 보내는 목적: 기본적으로 문자의 목적은 모델하우스 방문 및 상담이다. 1차적으로는 손님들의 방문, 방문한 뒤 니즈 파악과 상담에 집중하도록 한다.

분양의 꽃 TM

문자나 전화, 카톡을 전부 합쳐 이야기하면 아마 가장 쉽게 영업에 접근하는 방법이 아닐까 싶다. 영업직이라면 누구나 TM을 할 줄 알아야 하지만, 그 누구도 TM 기법을 쉽게 알려주지 않는다.

TM의 DB란 DATA BASE를 말한다. 영업사원들은 회사에 있는 기존 고객 DB를 이용하거나, 전단지나 블로그 등을 통해 전화를 받거나, 이외에도 다양한 경로로 수집한 DB를 활용한다. 다만 다짜고짜 전화했을 때 기분 좋게 받아줄 손님은 많지 않다. 어떻게 하면 손님들이 전화를 받아서 물건의 내용을 들어 줄까?

답은 서두르지 않고, 모델하우스에서 만남만 확정 짓는 정도로 유혹하는 것이다. 전화상으로 계약을 직접 하기란 쉽지 않다. 속전속결로 끝내면 좋겠지만, 물건의 가격, 분양성, 상황과 위치에 따라 차이가 워낙 많이 나기에, 일단 전화상으로 내방 혹은 만남을 잡는 것이면 충분하다.

TM을 해야 하는 이유

과거에는 TM이야말로 영업의 꽃이며, TM이야말로 영업의 끝이라고 이야기하는 사람이 많았다. 물론 분양의 정석에서는 TM보다 요즘 영업 방법에 걸맞은 온라인이나, 조금은 독특하지만 따라 하기 쉬운 방법을 소개한다. 다만 영업인이라면 TM을 아예 배제할 수는 없기에 가볍게 짚고 넘어가 보도록 하겠다.

TM은 인바운드와 아웃바운드로 나뉜다. 인바운드는 신문이나 블로그 광고 등을 보고 손님들이 먼저 문의 전화를 주는 것을 이야기한다. 아웃바운드는 굳이 따지면 스팸 전화라고 할 수 있지만, 실제로 전화상에서 어떤 결제, 입금보다 '모델하우스 방문'을 유도한다. 그러나 손님들의 니즈는 거의 없다.

TM은 상담사들의 상담 스킬과 내공을 쌓게 하기에 유리하다. 아웃바운드는 어느 정도 운적인 요소도 필요하고, 니즈가 있는 손님들을 일일이 찾아내야 한다. 귀찮지만 이 과정에서 영업사원의 상담 스킬이 큰 폭으로 성장한다. 어째서일까?

인바운드는 애초에 니즈가 있는 사람이 오지만 아웃바운드는 정반대로 니즈가 없는 사람을 붙잡아야 한다. 마이너스에서 플러스로 바꿔야 하기에 영업사원의 능력은 갈수록 올라가며, 이는 실제 모델하우스에 내방했을 때도 똑같이 적용된다.

TM의 DB 수집

DB는 TM을 하는 사람에게 재산이자 생명이다. DB의 질에 따라서 상담사의 결과치가 완전히 달라진다고 보면 되는 것이다.

사실 TM은 니즈가 있는 사람이나 잠재적 니즈가 있는 사람을 '찾아내는' 영업이다. 이 경우 확실히 보장되어야 하는 것은 내가 전화를 할 리스트, 즉 DB의 질이 좋아야 한다는 것이다. 현장투입을 하게 되면 기본적으로 팀장이나 본부장들이 DB를 나눠준다. 그런데 이 DB들은 대부분 타 현장, 타 모델하우스에 방문했던 DB들이라 이미 닳고 닳은 경우가 대부분이다. 그래서 필자는 본인의 DB라면 꼭 본인이 구하는 걸 추천한다.

만약 모델하우스와 현장이 떨어져 있다면? 그렇다면 모델하우스 근처의 DB를 수집하는 것이 좋다. 쉽게 생각하면 TM의 목적은 모델하우스 방문이다. 따라서 모델하우스에 올 수 있는 동선이 짧은 아파트 단지가 유력하며, 가장 가까운 아파트부터 시작하여 1km~5km 등 천천히 늘려서 DB를 수집하도록 하자.

TM 스크립트 작성

DB를 수집하고 통화를 할 때면 망설여질 것이다. 거절당할까, 싫은 소리를 들을까, 여러 고민들이 있겠지만 이런 걱정을 줄여주는 것이 TM 스크립트 작성이다.

TM 스크립트는 말 그대로 대사를 적는 것인데, 내가 TM을 할 때 이런 식으로 진행할 것이라는 가상의 시나리오를 만들면 된다. 대사를 적는다고 그대로 흘러가지는 않는다. 다만 스크립트를 작성하면서 내용 정리가 되고, 거절과 질문 사항을 미리 대비할 수 있다.

스크립트를 작성할 때 가장 중요한 것은 도입부다. 대부분 도입부에서 광고성 전화구나, 하고 끊기는 경우가 대부분이기에 이 전화는 광고 전화가 아니다! 라는 생각을 심어주는 도입부가 필요하다. 제약회사의 영업사원과 도를 아십니까의 다단계 사원들은 일반 시민들이 멀리서 봐도 눈치를 챈다. 그런 느낌을 풍기는 순간부터 손님은 우리의 이야기를 듣지도 않는다. 그렇기 때문에 필자는 첫 통화, 첫 단계에서 안전한 멘트가 들어가야 한다고 생각한다. 그래야 그다음인 물건설명과 클로징을 할 수 있다.

스크립트 작성 시 중요한 부분은 물건의 특장점에 집중하는 것이 아닌, 물건의 미래가치, 현장의 미래가치에 대해서 확실히 서술하는 것이다. 분양, 부동산 둘 다 결과적으로 미래가치에 의해서 투자 여부가 결정된다. 전화라 해서 달라지지 않는다.

대부분의 영업사원들이 TM을 하다 보면 물건의 특장점부터 설명에만 강세를 두지만, 그것들만으로는 손님을 불러내는 데에 한계가 있다.

그래서 현장위치에 대한 미래가치와 타 현장 비교를 확실히 해 주는 것이 중요한데, 만약 하남에 있는 오피스텔을 분양한다면 하남에 대한 전체적인 멘트가 들어감과 동시에 타 현장에 대해서도 확실하게 비교 브리핑을 넣어 줘야 한다는 것이다. TM 스크립트를 작성할 때 해당 현장에 대한 제원 및 현장의 특장점만 어필해 봐야 손님의 감도를 끌어올리긴 어렵다.

TM을 할 때 중요한 것은 무엇일까? - TM 클로징

클로징 시 제일 중요한 것은 어떻게든 모델하우스 내방을 잡는 것이다. 그것이 아니라면 추후에 다시 전화할 수 있는 여지를 남겨두는 것이다. 그것들을 제외하고라도 일단 TM에서 제일 중요한 점은, 바로 '부정적인 이야기를 하지 않는' 것이라 볼 수 있겠다.

클로징도 마찬가지다. 손님에게 "언제쯤 오시겠어요, 언제가 시간 괜찮으세요?" 하는 식의 거절하기 쉬운 멘트를 던지기보다, 손님이 긍정적인 선택을 할 수 있는 멘트로 이쪽에 유리한 대답을 유도하는 것이 해답이다.

예를 들어 주중이 편하세요? 주말이 편하세요? 라든가, 오전이 편하세요? 오후가 편하세요? 식으로 가능한 선택지를 던지는 것이다. 예약을 잡는 시점부터 긍정적인 반응이 나오게 하는 것이 중요하고, 오후와 오전이나 손님이 일단 선택을 해서 "다음에 기회 되면 갈게요~" 할 가능성을 아예 줄여 버리도록 유도하는 것이 좋다.

클로징에서 꼭 알아야 할 것은 브리핑 클로징과 같다. 클로징만 잘한다고 손님이 덥석덥석 방문하거나 계약하지 않는다. TM에서도 클로징을 잘하려면 기본적으로 멘트의 구성이 좋고, 물건 숙지에 대한 영업맨의 완벽함이 전화상으로 손님에게 전달되어야 한다. 클로징은 항상 긍정적인 대답을 이끌어내고, 손님에게 질문을 이끌어낼 수 있는 상황으로 몰아가는 것이 중요하니 명심해 두자.

2. 멘트학개론

2-1. 팔리는 말과 안 팔리는 말

멘트를 날리면 손님들은 왜 항상 건성건성 흘려 듣고 거절하는 것일까? 말이라는 것은 무엇일지부터 생각해 보아야 한다. 말 한마디에 천 냥 빚을 갚는다는 옛말처럼, 말이 가진 힘은 생각보다 강력하다. 세 치 혀로 우리는 사람들을 감동시키거나, 웃게 하거나, 화를 내게도 할 수 있다. 따라서 우리가 하는 브리핑 방법과 멘트에 따라서 나갈 계약도 안 나가고, 안 나갈 계약도 나갈 수 있다는 이야기다.

일반적인 모델하우스 내에서의 상황을 보자. 먼저 우리 현장의 장점과 강점을 어필한다. 그렇게 흘러간 뒤 오늘 계약하자고 제안한다. 필자 또한 그런 식으로 몇 년 동안 계약을 썼었고, 저것이 틀렸다는 이야기는 아니다. 하지만 더 쉽고 매끄럽게 계약을 끌어내기 위해서는 우리 또한 멘트에 대한 연구가 필요하다.

책을 봐서 익힌 멘트나 선배, 동료가 추천해 준 멘트를 써 봤자, 실제로 먹히는 경우는 굉장히 드물다. 손님이 '비싸서 고민이다'고 했을 때 기계적으로 대답하는 것이 아니라 손님이 왜 비싸다고 했는지, 무엇을 원하고 한 말인지 이유를 파악해야 한다. 그래서 영업사원들은 항상 손님과 나에게 왜? 라는 질문들을 던져야 한다. 왜 손님은 비싸다고 하는가? 왜 저 사원은 저기서 저런 멘트를 쳤을까? 항상 고민하고 연구를 해야 살아남을 수 있다.

멘트의 뼈대

호두를 생각해 보자. 우리는 호두를 먹을 때 단단한 껍데기를 깨고 안에 있는 알맹이를 먹는다. 멘트에서 호두 껍데기는 바로 합리적 사고, 현재의 의식이다. 말랑말랑한 알맹이는 감성, 충동, 감정 등을 주관하는 잠재의식이라고 생각하면 된다.

외부에서 자극이 오면 호두의 단단한 껍데기를 대부분을 흡수한다. 그런 호두의 알맹이를 반응하게 하려면, 즉 고객들의 감성적이고도 충동적인 구매를 유도하게 하려면 어떻게 해야 할까? 정답은 호두 껍데기를 없애는 것이다. 이런 외부 껍데기를 없애는 방법이 바로 질문을 하는 것이며, 페이싱과 리딩을 병행하며 레포 테크닉을 사용하는 것이다.

우리는 투입한 현장의 평수, 가격, 특별한 옵션 등 현장 물건 내용을 토대로 멘트를 만든다. 다만 이러한 방법은 호두 껍데기를 점점 두껍게 만드는 법이고, 결과적으로 가격을 묻는 형태로밖에 흘러가지 않는 멘트다. 그럼 도대체 어떤 식으로 멘트를 꾸며 준비를 해야 할까? 바로 '현재 이득'을 확실히 제시하는 멘트를 만드는 것이다.

결코, 어렵지 않다. 지금 내가 투입된 현장에 관한 내용이 어느 정도 숙지가 되었다면, 노트를 꺼내서 우리 현장의 특징과 장점을 쭉 써 보자. 그다음에는 이 장점들 때문에 손님들이 얻게 되는 이득이 무엇인지를 적어 보면 된다. 여기서 하나하나 살을 붙여 나가는 것이 스토리멘트의 제작인데, 기본적인 뼈대를 저런 식으로만 만들면 큰 문제는 없다.

비싸요

모든 사업, 영업, 직종에서 물건을 판매하는 입장에 있다면 질리도록 듣는 이야기가 바로 비싸다는 말일 것이다. 분양이라면 더더욱 그렇다. 단위가 싸게는 억부터 비싸게는 수십억까지 넘어가다 보니, 다른 업종보다 훨씬 더 많이 듣는 게 분양영업사원들이다. 사실 서울권 오피스텔이나 상가 같은 경우 분양가가 많이 올랐다. 땅값과 공사비가 올라가다 보니 당연히 분양가도 올라가는 것이지만, 그런데도 필자는 아직 입지 좋고 호재가 있는 서울지역 오피스텔은 충분히 가능성 많은 상품이라고 생각한다.

그런데도 비싸다는 말이 나오는 이유는 무엇일까? 하나, 짚고 넘어가야 할 점은 손님들은 무조건 비싸다고 하며 시작한다는 것이다. 이는 모든 영업에 다 해당되는 이야기이며, 우리가 극복해야 할 난관이기에 지금 당장 부딪혀 극복하는 것이 좋다.

2-2. 질문 개수와 계약 개수는 비례한다

질문의 힘

내 설명을 길게 말하는 것보다 질문하는 쪽이 훨씬 효과가 좋다. 우리가 어떤 물건을 살 때, 혹은 어떤 이성을 만날 때, 이것에 대해 더 깊이 알고 싶으면 질문을 던진다. 질문은 대화의 주도권을 가져오는 쉽고 간단한 테크닉이다. 분양영업에서도 그대로 적용시킬 수 있는데, 단순히 브리핑만 쫙 읊는 형태가 아니라 대부분의 대화에 질문을 넣어서 고객에게 던지는 것이다.

정치인들이나 대통령 후보들이 토론할 때, 실제로 옳고 그름은 중요치 않다. 결과적으로 토론이나 논쟁에서 상대방을 당황시키고 이길 수 있는 KEY는 질문으로 상대방을 어떻게 공격하느냐에 달린 것이다.

우리는 숙련된 세일즈맨이고, 손님은 아마추어에 가까운 사람들일 텐데, 또 열심히 노력하고 교육받아서 자신 있게 브리핑을 하였는데 거절이 나오는 이유는 무엇일까? 우리가 브리핑하는 순서는 대부분 이렇다.

아이스브레이킹: 단순하게 날씨를 묻거나 말을 트려는 노력
브리핑: 본격적인 물건 브리핑 및 유닛 설명
클로징: 계약과 입금의 단계, 손님에게 슬슬 조르기 시작하는 형태

거절처리: 클로징 단계에서 한 번에 OK 하는 손님들은 거의 없다. 한 번 더 끈기를 가지고 입금을 받아내는 단계. 대부분 와이프한테 물어보고 해야 한다, 생각해 보겠다, 비싸다. 등등 여러 가지 이유를 대면서 거절하면 그것에 반박하며 목소리 큰 쪽이 이기는 싸움

이런 순서가 거의 대부분의 브리핑을 이룬다. 아마 분양뿐만이 아닌 뭇 업종들도 마찬가지일 것이다. 그렇다고 고객들의 상황에 관해서 물어도 큰 영양가가 없다. 월세를 받아본 적이 있냐, 투자해 보았냐, 등등 굉장히 형식적인 질문을 하는데 이것들은 0점짜리 질문이다.

그럼 어떤 질문이 100점짜리 질문이냐, 고객들의 문제점, 불평, 불만, 욕구 등에 대한 질문이다. 우리는 손님이 이 물건이 필요하게끔 하여야 하기 때문이다.

고객의 문제점은 고객이 제일 잘 알고 있다. 그런데 우리는 그 문제점을 듣지 않고 다짜고짜 물건설명을 하거나 브리핑부터 시작한다. 질문을 통해 고객 스스로 불만, 문제점을 토하게 하는 것이 포인트다. 브리핑은 그다음에 이뤄져야 한다. 아무리 좋은 씨앗이라도 밭을 갈고 뿌려야 수확할 수 있기 때문이다.

이 모든 것을 통틀어서 결국은 '니즈'로 연결이 된다. 손님의 니즈 파악엔 두 가지 종류가 있다.

잠재적 니즈

지금 당장 필요하지 않고, 나중에 한 번쯤 구매해 볼까? 생각하는 손님들을 말한다. 이런 사람들한테 다짜고짜 계약하자고 들이대 봤자 비싸다, 남편과 상의해 보겠다, 등등 뻔한 대답들이 나온다. 이런 손님들은 대부분 문제, 어려움, 불편, 불만 등 다양한 스트레스 유발 요인들이 많다. 이들의 니즈를 현재 니즈로 바꿔야 한다.

현재 니즈

현재 구매를 필요로 하는 사람들이다. 신문 콜이나, 인콜 같은 경우 이런 사람들이 많지만 모두 그런 것은 아니며, 계약 쓰기가 쉬운 편이지만 찾기가 쉽지 않고 영업사원에게 휘둘려 실수하기 쉽다. 이런 손님들은 당장 필요, 욕구 등을 구체적으로 언급한다.

우리한테 오는 손님은 대부분 '잠재적 니즈'에 해당하는 사람이다. 우리는 이 잠재적 니즈를 현재 니즈로 바꿔야 한다. 질문을 통해 고객은 대화에 참여하고, 자기 입으로 말을 하게 됨으로써 변화에 대한 필요성을 느낀다. 브리핑과 멘트는 바로 이때 해야 한다

한 가지 명심해야 할 것은 잠재적 니즈와 현재 니즈를 구분하는 것이다. 구분 팁은 다음과 같다.

불편하다, 불만이다, 문제다, 어떻게 해야 할지 모르겠다: **잠재적 니즈**

다른 현장들은 얼마더라, 월세가 너무 낮게 들어와서 다른 물건을 알아보고 있다, 월세를 받고 싶은데 어떤 대책이 필요하다: **현재 니즈**

대략적 이렇게 정리하면 된다 좀 더 직접적인 부탁과 구체적인 욕구와 의견을 말하는 사람들은 현재 니즈에 해당한다.

아무리 우리 현장이 좋고, 현장의 장점에 관해서 얘기하고 싶어도 선부르게 현장에 대한 설명을 먼저 하지 않기를 바란다. 질문을 통해 고객들의 심리 상태가 잠재 니즈에서 현재 니즈로 커졌을 때, 바로 그 순간 브리핑이 들어가야 한다는 것을 명심하자.

개입 질문의 방법과 순서는 다음과 같다.

상황파악 → 문제파악 → 문제강조 → 해결파악 → 해결강조 → 거절 예방 질문

상황파악 질문

문제에 관한 질문을 하기에 앞서, 자연스럽게 그 문제를 물어볼 수 있는 상황을 고객들이 이야기해주게끔 하는 질문이다. 앞서 말했던 영양가 없는 질문들을 툭툭 던지는 것이 아니다. 뒤에 나올 문제파악을 하기 위한 연결고리이자 첫 단추이다.

문제파악

고객들이 먼저 문제를 이야기하게끔 만드는 질문을 말한다. 정확히 말하면 고객들에게 잠재 니즈를 불러일으키기 위해 문제점, 어려움 등을 깨닫게 만드는 질문인데, 여기서 중요한 것은 절대 여기서 고객이 가지고 있는 모든 문제점을 파악해선 안 된다는 점이다.

우리가 해결할 수 있는 고객의 문제점, 이것이 우리가 핵심으로 해야 하는 문제파악이다. 예를 들면 이런 식의 질문들을 말한다.

'지금 월세 받는 게 전혀 없으신가요?', '노후 준비는 전혀 안 돼 있으신 거죠?', '월급 말고는 따로 돈이 굴러가거나 굴려진 적이 한 번도 없으신 건가요?'

이런 식으로 잠재 니즈가 만들어졌다면 현재 니즈로 바꾸는 작업을 해야 한다.

문제강조

잠재 니즈를 현재 니즈로 바꾸는 질문이다. 구체적인 문제와 닥치게 될 부정적 상황을 정확하게 인지시키고, 추가적인 문제를 얘기함으로써 고객이 변화하고 싶게 만든다. 추가로 과거와 미래도 말해주도록 한다. 과거에 이런 투자를 못 해서 아쉽지 않았냐, 앞으로 또 그런 실수를 하면 어떻겠냐, 이런 식으로 고객의 아쉬움을 증폭시키는 것이다.

해결파악: 손님들은 언제나 변심하기 마련이고, 언제든지 도망갈 수 있다. 이때 손님들이 니즈를 드러내고 있다면 손님들 본인이 그 의지를 꺼내게 만들어 보자. 문제파악-문제강조로 잠재 니즈가 현재 니즈로 발현이 되었다면 손님들에게 해결 의지가 있는지, 과거에 해결하고자 어떤 노력을 했고 실제로 행동한 것은 무엇인지, 그리고 왜 실패했는지를 파악하는 것이다.

해결강조

손님들에게 불안감을 야기시켜 니즈를 끌어올렸다면 그것이 해결됐을 때의 결과를 질문을 통해 알려주도록 하자. 문제가 해결되면 얼마나 좋은지 구체적으로 강조하여, 해결된 상황이 또 어떤 좋은 상황을 만들어 내는지를 말해주는 것이다. 구체적인 문제 상황을 구체적인 해결상황으로 만들기만 하면 된다. 간단한 예시를 알아보자.

만약 월세가 들어온다면 월급을 다 적금을 들고, 월세 받는 거로 생활비를 쓴다면 도움이 되시겠습니까?

만약 월세가 한 달에 ○○만 원 정도 들어와서 다달이 들어가는 약값이 해결된다면 어떻겠습니까?

그러니까 큰 리스크 없이 월세만 받으면 지금보다 여유로운 생활이 가능하시겠군요?

만약 사장님이 원하는 소액으로 투자가 가능한 물건이 있다면, 한번 시도할 만한 가치가 있지 않을까요?

사장님이 원하시는 대로. 이렇게 월세를 다달이 10년 20년간 받게 되면 득이 되는 게 또 뭐가 있을까요?

이런 식으로 대략적인 질문이 가능하다. 이렇게 해결강조를 하면서 우리 물건에 대한 집중도가 올라가고, 가장 중요한 '가격에 대한 저항'이 약해진다. 그리고 그다음 브리핑이 훨씬 쉬워진다. 이후에 계약이 진행된다면 본인 스스로 계약을 선택했다고 생각하게 만들 수 있다.

여기까지 성공적으로 왔다면 한 가지 문제가 있다.

우리가 항상 듣는 이야기, "결정권은 아내, 남편한테 있습니다." "생각보다 좀 비싸네요." 등의 뻔하고 자주 듣는 거절들을 방어해야 한다. 여기서 거절예방 질문을 함으로써 손님의 의중 파악이 가능하다. 고객은 바보가 아니며, 욕구와 구매는 별개의 문제다. 지금까지 욕구를 만들어주고 해결책을 줬다 한들 계약으로 100% 이어지지 않는다.

거절예방 질문

거절할 수 없는 질문을 하는 것이 좋다. 예를 들어서 "만약 사장님이 아까 말씀하신 문제점이 다 해결이 된다면 바로 선택해도 되지 않을까요?"라는 식이다. 별것 아닌 것 같지만, 위의 질문들로 마음을 어느 정도

돌린 상황에서 이런 질문을 받게 되면 대부분 'YES'가 나온다. 그런 다음 브리핑을 시작해야 손님들에게 조금 더 집중도 있고, 해결책을 말해 줄 것 같은 브리핑을 할 수 있다.

레포테크닉

우리가 지인들에게 물건을 구매할 때나, 구매를 권할 때나 소개를 받는 이유는 무엇일까? 어찌 됐던 저 영업사원이 내가 평상시 알고 지내던 사람이니까 속여도 덜 속이고, 해 줘도 더 해 주지 않을까? 하는 기대심리가 기저에 깔렸다. 물론 고객과 나는 오늘 처음 만난 사람이지만, 멘트를 통해 상대를 내 지인처럼 만들어 버리면 충분히 이 관계적 이점도 이용해서 계약을 진행할 수 있다. 이때 손님에게 호감을 만드는 것이 바로 레포테크닉이다.

몸짓, 심리, 말투 등 여러 방법이 있는데 일종의 '미러링'이라 생각하면 된다. 심리학에 관련된 책을 보면 복잡하게 적어 놨지만 우리는 생각날 때 따라만 해도 충분하다. 예를 들어 손님이 물을 마시면 나도 마시고, 휴대폰을 보면 같이 보는 정도 말이다.

기본적인 제스처 테크닉은 베이직, 카운터, 시밀러의 3가지가 있다. 방법은 간단하지만, 너무 똑같이 따라 하려는 강박관념 때문에 상담을 망치면 안 된다.

베이직

상대방이 하는 행동을 의도적으로 따라 하는 것이다. 위에서 설명했듯이 물을 마실 때 물을 마시고, 상대가 비스듬하게 앉아 있다면 나도 비스듬히 앉아서 설명하는 식이다. 중요한 것은 거울처럼 반대방향으로 하는 것이 아닌, 손님 방향을 그대로 하는 것이다.

카운터

베이직과 비슷하지만 여기서는 반대방향이다. 상대가 오른손으로 물을 마신다면 나는 왼손으로 물을 마시면 된다.

시밀러

따라 한다기보다 뉘앙스를 풍기는 형태를 말한다. 상대가 목을 긁는다면 난 머리를 긁는 것처럼, '유사한' 형태로 따라 하는 것이다.

이것을 기본적으로 아주 간간이 사용하되, 제스처가 아닌 말로써 레포를 쓰는 방법도 가능하다.

맞장구를 치는 것인데, 일부러 손님들이 하는 말을 대략 따라 하면서 호감을 얻는 방법이다. 예시를 제시하면 이런 식이 되겠다.

"어디서 오셨어요?"
"강남에서 왔습니다."
"얼마나 걸리셨어요?"
"한 30분 걸렸어요."

이 대화는 너무 사무적이다. 또 대화가 길게 이어지지 않는데, 백트래킹 스킬이 들어가면 얘기가 좀 바뀌게 된다.

"어디서 오셨어요?"
"강남에서 왔습니다."
"강남에서요~ 얼마나 걸리셨어요?"
"한 30분 걸렸어요"
"아~ 30분 정도 걸리셨구나."

단순히 몇 마디를 거들어 줬을 뿐인데도 매끄럽고 분위기가 좋아졌다. 이런 백트래캥은 영업을 하는 사람이라면 의도적으로 꼭 사용하는 것을 추천한다. 돈 들이지 않고 사람의 마음을 움직이는 가장 쉬운 방법의 하나기 때문이다. 그렇다고 앵무새처럼 조잘조잘 되풀이하면 안 된다.

리액션

말 그대로 리액션이다. 영업사원들의 말 하나하나에 반응해 주는 손님들은 그리 많지 않다. 우리가 의도적으로 질문하거나, YES라는 대답을 유인하지 않고서는 말이다. 리액션을 하는 것과 안 하는 것은 느낌이 전혀 다르다. 상대방에게 동조하며 아, 네, 이런 감탄사 정도만 대화에 섞어 줘도 훨씬 호감도가 올라간다.

백트래킹과 리액션을 섞어 쓸 경우에는 훨씬 더 효과가 좋다. 우리가 생각하는 것보다 우리는 손님들에게 무뚝뚝하고 불친절한 경우가 많다. 그러다 보니 적절하게 섞어 쓰면 분명 호감도를 끌어낼 수 있다.

페이스 메이커와 페이싱 리딩

페이스 메이커란 무엇일까? 마라톤에는 우승 후보 선수 옆에서 뛰는 페이스 메이커라는 것이 있다. 선수가 호흡이나 페이스, 컨디션을 잃지 않게 같이 뛰어 주고 조율해 주는 역할이다.

손님과 나는 같은 호흡, 같은 스텝으로 나가야 결과가 나온다. 혼자 앞질러 뛰어가 버리면 나올 계약도 안 나오는 경우가 생긴다.

이 페이싱 리딩은 인간관계에서나 세일즈에서나 아주 중요하다. 또 한 번 익혀두면 평생 써먹을 수 있는 기발한 방법이니 잘 참고하기를 바란다.

손님 중, 영업사원의 말에 습관적으로 동의해 주는 사람들이 있다. 은연중 고개를 끄덕거리면서 브리핑을 이어나가게 해 주는 손님들 말이다.

이런 사람들은 계약확률이 아무래도 더 높은 편이다. 페이싱과 리딩은 이런 반응을 의도적으로 만들어서, 손님들이 YES를 할 수밖에 없는 상황, 고개를 끄덕거릴 수밖에 없는 상황들을 만들어내는 것이 관건이다

우리가 일반적인 상황에서 브리핑한다고 생각해 보자. 과연 100% 중 몇 퍼센트나 손님들에게 전달될까? 그날 나의 외모, 컨디션 등등 여러 요소가 있겠지만, 기본적으로 꽤 많은 손실률이 발생한다. 페이싱과 리딩에서 제일 중요한 부분은 '다 맞는 말, 반론 할 수 없는 말'로 시작해야 한다는 것이다. 내가 하는 말에 어떤 반론이 들어간다거나 하면 효과가 없다. 손님이 들었을 때 고개를 끄덕일 수 있는 '당연한 이야기'로 시작하는 것이다.

베타가 아닌, 알파가 되는 영업!

우리가 영업하면서 고객을 만날 때 잡상인처럼 보이는 것보다 전문가처럼 보여야 영업이 쉽게 풀리는 법이다. 항상 명심해야 하는 건 태도다. 내가 가지고 있는 정보, 지식이 100% 확실하다 하여도 내가 아랫사람처럼 보인다면 손님들은 언제나 반박을 하게 되어있다. 고객들이 영업사원을 막 대하는 이유는 간단하다. 영업사원이 주체가 되어 자연스레 고객을 리드하지 못하기 때문이다.

동물도 마찬가지지만, 사람들의 무리에서도 2명 이상이 만나 대화를 하다 보면 자연스럽게 서열이 정해진다. 평등해 보이는 친구 관계에서도

리더는 있다. 그러니까 내가 스스로 리더가 되면 상대방도 그걸 본능적으로 느끼게 된다는 것이다.

그렇다면 리더처럼 보이는 방법은 무엇일까? 간단하다. 믿음이 가고 신뢰를 주며, 고객에게 끌려다니는 것이 아니라 고객을 리드할 수 있다면 실제 리더가 될 수 있다.

리더의 특징: 세계 각지의 수장, 리더들에는 몇몇 특징들이 있다. 이 리더들이 주로 하는 행동들만 따라 해도 우리는 그 순간 고객을 이끄는 리더가 될 수 있다. 바로 '조건반사'라는 것 때문이다. 리더의 행동을 취하는 사람이 곧 리더이며, 리더의 카리스마와 신뢰도를 인정하고 따르는 것이 인간의 본능이고 습관이다.

천천히 움직이고 여유롭게 말하는 것

내가 신뢰받는 전문가가 되고 싶다면 말투부터 그렇게 되어야 한다. 사자무리에서 왕으로 군림하는 수사자들은 절대 빨리 움직이거나 쉽게 행동하지 않는다. 인간도 마찬가지다. 군대에서 병장이 빠릿빠릿하게 일을 도맡아 하는 경우가 얼마나 있는가? 어느 무리에서나 경박하고 가벼운 사람이 대장이 되는 경우는 드물다. 위엄과 여유가 있어야 스스로 알파가 될 수 있다. 영업사원들이 자주 하는 실수가 바로 이것이다. 모델하우스에 손님이 내방하였을 때, 손님이 거절할까 무서워 나도 모르게 말이 빨라지고 가볍게 행동하게 된다. 조급하고 급박한 티를 내면 절대 인정받을 수 없다.

약속 시간에 늦게 도착하라

오해하지 말아야 할 것이, 결코 무책임하거나 대충 가라는 뜻이 아니다. 우리 머릿속에는 기다리는 사람이 좀 더 한가하며 위치가 낮은 사람, 기다리게 하는 사람은 높고 귀한 사람이라고 무의식중 박혀 있다. 일반적인 비즈니스 매너에서 약속 시간에 늦어진다는 것은 굉장한 실례이며 계약이 깨질 수도 있는 일이다. 아마 심할 때는 기분이 나빠 고객들이 집에 가는 경우도 생길 것이다. 여기서 중요한 포인트가 나오는데, 손님들이 기분이 나쁜 이유는 본인이 대접받을 상황에서 무례를 당한 것이 마음에 안 들기 때문이다. 이 점을 적절히 활용하여 손님들에게 내가 확실한 어필을 할 수 있다면 어떻게 될까? 말인즉슨 명분이 있게 늦는 것이다. "내일 2시에 오시기로 하셨는데, 제가 앞뒤로 상담이 있어서 잠깐 대기시간이 발생할 수 있으므로 모델하우스 입장하시면 잠깐 커피 한잔하고 계시면 됩니다." 라는 말은 우리가 리드하는 입장, 손님을 리드당하는 입장으로 만들기 적합하다. 그렇다고 진짜 방문했을 때 커피만 주면 안 되니, 손님에게 뭔가 읽을거리를 주는 것이 좋다. 위에서 언급한 소책자를 주든가, 팀장님에게 상담받았던 사람들의 카톡 후기를 만들어 손님이 10분쯤 읽어 볼 수 있게 하는 것이다. 기다리게 하고 노력하게 하면 손님은 점점 본전을 뽑으려 들게 되고, 그러다 보면 자연스레 분위기를 가져올 수 있다.

신체취약점 노출시키기

거북이는 위험에 처했을 때, 자신을 보호하기 위하여 등껍질에 몸을 숨긴다. 이처럼 사람이 웅크리고, 자신의 약점을 가리게 되면 이 사람은 겁이 많고 심적으로 부담을 받고 있다고 느끼게 된다. 반대로 신체의 취약점을 드러내고 행동한다면? 상대방은 스스로 상대를 우위, 자신을 하위로 느낀다. 너무 쉽게 말한다고도 느끼겠지만, 이는 실제로 동물들이 가지고 있는 본능적인 특성이다. 고객들은 상담사의 기세등등하고 자신감 있는 몸짓, 신체적 자세를 보면서 리더와 전문가다운 느낌을 자연스레 받는다. 우리는 상담이 시작되기 전부터 위축된 모습으로 영업사원의 위치를 저 밑바닥까지 떨어뜨리고 시작하곤 한다. 이런 경우 상담이 잘되어도 계약으로 이어질 확률은 높지 않으니 항상 자신의 자세에 신경을 쓰도록 하자.

공간점유

자기 공간에서는 누구나 리더가 된다. 우리 분양상담사가 다른 영업직에 비해 유리한 것이라면, '나의 공간'이 있다는 것이다. 상담사가 고객을 만나러 가기도 하지만, 어쨌든 유닛와 구성을 보려면 90% 이상은 손님들이 모델하우스로 와야 한다. 내가 나의 공간에서 싸우는 것과 상대의 공간에서 싸우는 것은 하늘과 땅 차이다. 즉 만남이 이루어지는 장소에 따라서 누가 리드하는 입장이고 누가 당하는 입장인지가 정해지는데,

내게 있어 유리한 부분을 적극적으로 활용하는 것이 중요하다.

가벼운 터치: 우리에게 사적인 반경 거리라고 하면 대략 팔을 뻗었을 때 주변 정도다. 예를 들어, 직장상사가 퇴근하는 후배에게 오늘 고생했다고 어깨를 툭 쳤다. 만약 반대로 후배가 상사의 어깨를 치면 어떨까? 사람들은 본능적으로 알고 있다. 개인 공간을 침해하여 스킨쉽을 하는 건 대부분 윗사람들이란 것을 말이다. 당연히 무턱대고 만지면 고객은 불쾌해한다. 그렇기에 멘트와 섞어서 들어가는 것인데, 이 스킨쉽에 성공하면 손님은 기선을 제압당하게 되어 저도 모르게 순응하는 반응을 보인다. 대부분의 상담사들이 모델하우스에 입장하는 손님들과 인사는 하지만 악수는 하지 않는다. 그러나 악수는 리드를 가져오기 위해서라도 꼭 해야 하는 스킨쉽이다.

지시 내리기

고객들에게 지시를 내려라. 말도 안 되는 소리도 아니고, 처음부터 큰 부담을 주는 지시를 하라는 것도 아니다. 아주 자그마한 지시를 내리면서 조금씩 지시를 키워 가 보도록 하자. 예를 들어 모델하우스에 입장할 때부터 본인이 브리핑하기 쉬운 동선을 만들어, 손님에게 지시를 내려 본인을 따라다니게 하는 것이다. 입장할 때 명함을 주는 것부터 시작하여 조감도를 먼저 보여 줄 수도 있다. 영업사원들이 오피스텔과 아파트와 유닛에서 가장 큰 실수를 하는 것은 유닛 안의 구성품들을 직접 열거나 만져서 손님에게 안내를 해주는 것이다. 그러한 방법보다는 손님에게 열어보세요, 만져보세요 등의 지시를 내려 주는 것이 훨씬 낫다. 손님에게 질질 끌려다니다 마지막에 '지금 진행하시죠'라고 말해 봐야 어차피 계약은 불발될 확률이 높다.

눈싸움

미국 보디랭귀지 연구소에서 어떤 연구를 한 적이 있는데, 대선을 앞두고 두 후보가 TV에서 토론하는 것이었다. 연구원들은 누가 더 '눈을 많이 깜빡일까'에 대한 연구를 진행하였고 항상 눈을 많이 깜빡이는 후보는 대선에서 당선되지 않았다. 눈을 덜 깜빡일수록 TV를 보는 유권자들에게 더 매력적으로 느껴진다는 것인데, 이것을 보디랭귀지 측면에서 본다면 '자신이 없고, 거짓말을 하고 있다'는 약자의 행동이다. 반대로 상대방의 눈을 정면으로 응시하고 쳐다보는 것은 리더의 행동이다. 고객들의 시선을 절대 피하면 안 된다. 그렇다고 부담스러울 정도로 쳐다보는 것이 아니라, 편안하고 자신감 있게 지켜보며 최대한 적게 깜빡이려는 노력은 해야 한다는 것이다. 그러면 우리들의 말에 호소력이 생기고 신뢰하는 모습이 생기게 된다.

여기까지가 대략적인 리더가 되는 행동들이었다. 손님들에게 예의를 갖추고 친절해야 하는 건 기본 중 기본이나, 그렇다고 아랫사람이 되어서는 곤란하다. 어떤 영업사원이든 위의 행동만으로도 충분히 효과를 볼 수 있을 것이다.

또 하나, 문자와 카톡에서 제일 중요한 부분이 있다

첫 번째는 '답변이 올 수 있는 질문으로 마무리할 것'이다. 위에서 말한 페이싱&리딩을 문자나 카톡에 그대로 사용하자. 대부분의 분양인들은 '○○분양사무소의 홍길동 부장입니다.' 라는 식으로 본인 이야기만 통보하고 끝내 버린다. 그보다 더 쉽고 간단하게, 'YES'라는 대답이 나올 수 있는 질문을 하나라도 섞는 것이 좋다. '식사하셨어요?'라든가, '날이 덥죠? 춥죠?' 등, 정말 간단한 멘트라도 상관이 없다.

두 번째는 바로 '백트래킹'이라는 것이다. 백트래킹은 상대방의 언어습관을 그대로 따라 하면 된다. 손님과 문자를 주고받는 데 띄어쓰기를 손님이 칼같이 지킨다든가, 특정 이모티콘을 쓴다면 장난스럽지 않게 의도적으로 그 부분을 따라 하는 것이다. ㅋㅋ의 개수나 ㅎㅎ의 개수를 의도적으로 맞출 수도 있고, ^^ 혹은 :) 식의 이모티콘도 따라 사용할 수 있다. 이것은 상대방과 내가 거울을 보는 효과로 친밀감을 올려 내방 약속 잡기가 훨씬 더 쉬워진다.

클로징

상품설명을 잘하느냐 못하느냐, 그러니까 브리핑을 잘했느냐에 따라서 계약의 여부가 어느 정도 결정된다. 여기서 마지막에 진행되는 클로징은 우리의 영업활동에 굉장히 중요한 부분이다.

이 과정에서 거절이 나오는 경우가 대부분이기 때문이다. 고객을 만나 아이스 브레이킹으로 환기를 시키고, 니즈를 파악하고, 제품의 관심을 끌어올렸는데 왜 거절이 나오는 걸까? 거절이 나오지 못하게 하는 방법은 없는 것일까? 도대체 어떻게 해야 자연스럽게 클로징이 될까?

간단하다. 바로 영업프로세스 자체가 고객이 거절을 부를 수밖에 없는 구조라서다. 경기, 경제와 상관없이 가치를 인정받는 것들은 시기, 가격과 무방하게 잘 팔린다. 이것은 30년 전에도 그랬고 앞으로 30년 후에도 같을 것이다.

우리가 어쩔 수 없이 고객에게 강매하게 되는 것처럼 보이는 이유는, 고객이 물건의 가치를 잘 파악하지 못했기 때문일 확률이 높다. 어쩌면 그 전 단계인 프로세스, 타겟팅 자체가 잘못되었을 수도 있다. 분양의 정석 식의 프로세스를 활용한다면 기존의 영업방식, 즉 강매 형태의 영업과는 전혀 다르다는 것을 알게 될 것이다. 애초에 내가 투입한 현장, 멘트, 타겟팅이 좋았다면 손님은 어느 정도 마음이 열려 있을 테니 말이다

클로징에 관련된 책이 따로 있을 만큼 영업에서의 클로징은 중요하게 생각된다. 하지만 실제로 영업을 해보면 그게 아니라는 것을 알게 될 것이다. 브리핑이 정말 최악이었는데, 클로징이 기가 막힌다고 해서 계약이 나가지는 않는다. 클로징을 하기 이전 단계인 멘트, 테크닉, 브리핑이 완

벽히 들어가야 클로징이 이어질 수 있다는 것이다.

물론 클로징만으로 계약이 나가는 경우도 종종 있다. 그런데 그 희박한 확률을 가지고 클로징만 연습을 할 수는 없다. 멘트, 테크닉, 브리핑이 완벽히 녹아들었는데 클로징이 엉망이 된 경우도 문제가 되는 것은 마찬가지다. 그러다 보니 우리는 모든 면에서 완벽해지려 연습하고 연구해야 한다. 이 책에서 말하는 클로징은 애초에 브리핑이 잘 들어갔을 때의 경우임을 염두에 두자.

클로징을 하기 전에 몇 가지 조건이 있다. 멘트는 잘 들어갔는가, 브리핑은 잘 먹혔는가, 고객의 마음을 잘 열어놓았는가, 전문가로 인식되었는가? 내게 먼저 묻는 시간을 가져 보자.

분양의 정석 식 클로징은 4가지 과정으로 나뉜다

① 비교

a가 좋으세요, b가 좋으세요? 하는 선택권을 주는 것이다. 이왕이면 본인이 선택한 물건을 구매하는 것이 옳다고 생각하기 때문이다. 이것은 TM을 할 때나 손님에게 어떤 질문을 할 때, 영업적 테크닉과 함께 오프닝멘트로 시작해도 좋은 멘트다.

② 가정

A와 B 중 어떤 게 좋으세요? 라는 질문을 던졌을 때 대부분의 손님은 잘 고르지 않는다. 그럴 때 필요한 것이 다음 과정으로 넘어가는 '가정'이다. 이는 만약에 어땠다면, 하고 가정을 하는 것이다. 잘 먹혀든다면 고객은 쉽게 우리의 행동 유도에 동의한다. 만약 정말 공실이 없다면? 만약 정말 수익률이 그렇게 나온다면? 프리미엄이 이런 식으로 붙는다면? 한번 진행해보실 만하지 않으세요, 라고 가정을 하는 것이다.

③ 분해

실제 가능하다는 것을 입증하는 단계다. 실제로 월세를 받는 근처의 물건들, 혹은 프리미엄이 어느 정도 호가된 물건들을 자료화해서 손님들에게 제시하고 보여줘야 한다. 그런 자료들을 다 보여주고 나서 손님에게 '사장님도 그렇게 판단하시죠?'라고 YES를 부르는 대답을 던지는 것이다.

④ 전제

본격적인 입금이 이뤄지는 단계라고 볼 수 있는데, 분양 매물 내에서 손님의 어떤 반응이든 끌어내는 것이 요점이다. 손님은 고층을 원하지만 바로 고층을 주지 않고 아래층으로 튕겨 보는 것이 핵심이며, 향으로 가도 남향을 원한다면 동서 북향으로 다시 튕겨 주어야 한다. 지금 '10층은 안 되고 한 3층~4층은 진행할 수 있는데 괜찮으시죠?'라고 물어보는 식으로 말이다.

2-3. 거절에 대처하는 방법

분양인들에게 가장 중요한 순간이다. 사실 저기까지 흘러갔으면 어느 정도 완성이 된 것이지만, 아직 40% 정도는 부족하다. 보다 적극적으로 입금을 푸쉬할 단계는 둘로 나뉜다.

거절처리

고객이 결제했다고 다 끝난 것은 아니다. 결제하면 대부분 하루 이틀 내에 연락이 온다. 연락이 오는 이유는 무엇일까?

대부분 남편이 반대한다, 돈이 모자라다, 못 믿겠다 등 정해진 패턴으로 환불 요청이 들어오게 된다. 이런 불상사를 최소화하기 위해 질문을 던져서 대답을 유도하는 것이지만, 그런데도 환불 요청의 빈도는 높다.

이를 어떻게 잘 마무리하느냐에 따라 세일즈의 성패가 결정된다. 그럼 거절을 어떤 식으로 돌려보내고 매출로 연결시킬 수 있을까?

대부분 영업사원들은 논리적인 반박을 하려 한다. 하지만 그래선 안 된다. 거절의 이유를 고객 스스로 다시금 생각하게 하고, 우리가 다시 한 번 기회를 받아 손님에게 브리핑할 수 있는 자리를 만드는 것이 핵심이다. 해지 요청이 들어오면 대다수의 본부장들과 팀장들은 '일단 불러다 앉혀라!'라고 말을 하기도 하는데, 즉각 논리적인 대응을 하기보다는 일단 얼굴을 마주 보고 고객을 설득하기 위해서다.

논리적인 대응이 아닌, 감정적인 대응이 바로 거절처리의 시작이다. 거절처리 멘트는 확인, 공감, 유도의 3단계 과정을 거친다. 그렇게 어려운 멘트는 아니지만, 영업사원이라면 하나쯤 만들어 두는 것이 여러모로 유용하다.

예를 들어, 고객들이 "집에 가서 생각해봤는데 필요 없어요."라는 말을 했다고 치자. 그렇다면 논리적인 반박이 아니라 이렇게 대응해야 한다. "맞는 말이다. 필요 없을 수도 있고, 나 역시 오피스텔 월세가 나오는 것이 큰 도움이 안 될 거라고 생각했지만, 수많은 고객에게 판매했고 모두 만족스러워했다. 그럼 이렇게 마음먹은 계기가 무엇이겠는가?" 하는 식으로 말이다. 요점은 멘트와 질문을 통해 다시 한 번 얘기할 기회를 만드는 것이다.

버튼업

실은 거절처리를 아예 안 하는 상황을 만드는 것이 제일 좋다. 총체적으로 '강매'라는 느낌의 분위기에서 계약을 쓰다 보니 거절이 생기는 것이다. 위에서 말한 질문법 및 제스쳐 등 모든 요소는 이 거래가 강매가 아님을 알려주기 위함이기도 하다.

그래서 거절처리를 하기 직전 작업이 바로 버튼업이다. 손님은 모델하우스 밖을 걸어나가는 순간 '사기당한 거 아니야?, 왜 바로 결정했을까?, 확실한 게 맞을까?' 등등 여러 심적 공격들을 받는다. 당연히 쉽게 당황하고 쉽게 혼란에 빠진다.

이런 상황을 미리 예방하기 위해, 입금을 받은 다음 주변 지인들의 반응을 미리 예상해 주고 이렇게 대처하라고 알려주는 것이 바로 버튼업이다. 좀 어이없게 들릴 수 있는 이야기지만 입금을 받고 고객에게 상황극을 연습시키는 것이 제일 좋다.

3. 세일즈 뷰티, 외모와 영업의 상관관계

3-1. 잘생기고 예쁜 사람이 매출도 잘 낸다?

연예인이 아니어도 외모를 가꿔야 하는 이유

우리가 살아가고 있는 시대는 바야흐로 외모지상주의가 만연하다. 연예인이나 모델, 쇼호스트 등 꼭 카메라 앞에 서는 직업이 아니더라도 이 법칙은 유효하다. 당신이 면접을 볼 때, 회사생활을 할 때, 하다못해 학교에서 발표할 때라도 외모가 우수한 사람은 꽤 실질적인 이득을 본다.

이는 '그냥 그렇겠지', 식의 추측이 아니다. 미국과 호주, 영국에서 각 대학 연구팀들이 실시한 연구와 조사들에서도 외모와 연봉, 외모와 고용률은 양의 상관관계를 보인다. 외모가 뛰어나거나 적어도 평균 이상, 단정하고 깔끔한 외양을 유지한 이들은 그렇지 않은 이들에 비해 연봉이 높았고, 고용률 역시 확연한 차이를 보였다. 이는 우리에게 어떤 점을 시사하고 있을까? 바로 영업에서도 외적 자기관리를 해야 하는 이유다.

외모로 어필 가능한 상대는 이성뿐만이 아니다?

어떤 연구에 따르면, 이성에게 어필이 가능한 세 가지의 매력이 있다고 한다. 모두가 예상할 수 있겠지만, 첫 번째는 얼굴, 두 번째는 성격, 세 번째는 차림새다. 얼굴이야 타고난 점을 크게 바꾸진 못하더라도 성격은 어느 정도 변화시키는 것이 가능하다. 그리고 차림새의 경우, 매우 극단적인 방향으로(그것이 좋은 쪽이든 나쁜 쪽이든) 차이가 크다.

인도의 시장조사업체 IPSOS에 따르면, 여성들은 친절한 남성보다는 외모관리를 잘한 남성들을 선호한다. '성격'란에 속하는 매너보다는 '차림새'란에 속하는 외모관리에 더 호감을 느낀다는 것. 상상해 보자. 당신에게 누군가 말을 거는데, 정중하고 추레한 사람에 호감이 가겠는가? 태도는 평범해도 외모가 뛰어난 사람에게 호감이 가겠는가? 사람 바이 사람, 케이스 바이 케이스긴 해도 후자 쪽 확률을 무시하긴 어려울 것이다.

다음 예로는, 영국의 모 데이트 애플리케이션 실험 연구를 들 수 있다. 바로 운동을 좋아하는 남성보다 패션 및 외모에 관심이 많은 남성이 여성에게 더 어필이 된다는 것이다. 여기서 운동이란 미용적, 외적 요소를 업그레이드시키기 위한 웨이트가 아니라 스포츠를 얘기한다. 더 심화 케이스를 살펴보자면, 호주의 대학교 연구팀에서 성인 남녀 이천 명을 대상으로 벌인 추적 조사도 있다. 이 연구팀은 1984년부터 2009년까지, 25년의 세월을 두고 흥미로운 실험을 했다. 바로 참가자끼리의 외모를 6개 등급으로 나누고, 스스로 점수를 매긴 다음 25년 뒤에 같은 조사에 임하도록 한 것이다.

　결과는 어땠을까? 다른 사람이 아닌, 스스로가 매긴 점수임에도 고등 급자와 저등급자의 25년 뒤 평균 연봉은 크게 갈렸다. 본인이 매긴 점수가 1등급에서 3등급인 이들은 약 9천만 원, 4등급에서 6등급인 이들은 약 5천만 원의 연봉을 받고 있었다. 외모로 갈리는 것은 연봉뿐이 아니다. 기업 고용률 또한 외모에 뛰어난 이들이 15%가량 높아, 사회생활부터 금전적 여유까지 외모가 영향을 미친다는 것이 증명되었다.

　마지막으로 예를 들 곳은 미국의 한 대학 연구팀이다. 이곳에서도 호주의 연구팀과 결과는 비슷했다. 누가 봐도 '호감상'인 이들은 반대 대상군에 비해 연봉은 최저 5%에서 최고 10%까지 높았으며, 기업 내부에서 승진할 기회도 더 많이 잡는 것으로 나타났다. 이는 단순히 외모가 뛰어나기에 주변에서 그들의 능력을 고평가했다고만 볼 수 없다. 객체로부터의 인정과 호감은 곧 주체, 즉 자기 자신의 자신감으로 이어진다. 나는 이래서 안 돼, 저래서 안 돼, 하고 생각하는 사람보다 뭘 해도 자신감 있는 예스맨들이 실적이든 점수든 더 많이 쌓을 수 있다는 것은 기정사실이다.

　그렇기에 외모를 관리하는 것도 영업의 성공률을 높이는 요인이다. 남자가 남자를, 여자가 여자를 볼 때도 우리는 본능적으로 상대의 외모에 따라 첫인상부터 점수를 매긴다. '나는 키도 작고 외모도 뛰어나지 않아'라는 생각이 머릿속에 박힌 이와 '나는 내 외모와 호감에 자신감이 있어'라는 생각으로 말을 꺼내는 이, 둘의 차이는 생각보다 크다.

같은 이야기를 들어도 A에게는 어쩐지 더 신뢰가 가고, B 쪽은 미심쩍기만 했던 경험이 여러분들에게도 있을 것이다. 외모는 그 사람의 분위기, 자신감, 나아가 애티튜드를 구축하는 요인 중 큰 축을 차지한다. 괜히 백화점 매장 직원, 명품샵 직원들에게 파트장들이 까다로운 차림새를 요구하는 것이 아니다. 하물며 먼저 다가가야 하는 입장이라면? 더 말할 필요도 없다.

3-2. 전문가처럼 보여야 하는 이유

우리는 '전문가'와 '비전문가'를 어떻게 구분하나?

어떠한 기준으로 영업의 전문가를 구분하는가? 바로 본인이 영업하는 분야에 대해 전문성이 '있을 것 같은' 신뢰를 주는 사람일 것이다. 실제로 전문성이 있냐 없냐는 틀림없이 중요하지만, 뒷순위로 밀린다. 고객이 그 분야에 무지해서 뒷순위로 밀리는 것이 아니다. 우리가 어떠한 것을 판단할 때는 제일 먼저 눈이 보고 사물을 파악하여 뇌로 신호를 보내기 때문이며 시각적인 면이 첫 판단에 강력한 영향을 끼치기 때문이다.

영업을 잘한다면 돈이 많을 것이며, 그 돈으로 외모를 꾸몄을 것이다. 이런 추론적 영역을 거쳐서 고객들이 꾸미지 않은 영업맨을 신뢰하지 않는 게 아니다. 이는 보다 직접적이고 직관적인 영역이다. 전문성이 있는 사람이 후줄근한 셔츠에 다 떨어진 청바지를 입고 영업하는 것은 과연 어울릴까? 본인의 실력과 적극성과는 상관없이, '내가 전문가다' 하는 느낌을 얼마나 줄 수 있느냐에 따라 내 말의 신뢰성도 올라간다.

어떤 부동산 전문가를 예로 들어보자. 그는 20년 가까이 부동산 업종에서 일하며 몇 권의 베스트셀러를 내고 엄청난 수익을 올렸다. 투자회사도 차렸고 꾸준히 들어오는 수입은 월 수천만 원을 가볍게 넘긴다. 그런 사람이 허름한 옷을 입고 처음 보는 고객에게 가서 부동산을 추천해 준다면 어떨까? 열에 아홉은 차림새만 보고 '아, 말만 잘하는 사기꾼인가?' 라고 의심할 확률이 높다.

■ 사람은 같은데 외모가 다르다면?

말끔한 옷을 입은 사람과 허름한 옷차림의 사람이 있다. 나와 관계없는 상황이라면 모르겠지만, 그 사람이 부탁하거나 말을 건다면 어떤 기준으로 판단할 것인가?

실제로 사람과 옷차림, 호감의 관계에 대해서 국내외의 여러 매체와 개인들이 연구한 바가 있다. 미국의 어떤 청년은 무거운 짐을 가득 들고 뒷주머니에 있는 지갑을 빼내 달라는 부탁을 하는 실험에 나섰다. 양복을 차려입고 거리에서 부탁하자 사람들은 대부분 흔쾌히 들어 주었다. 심지어 먼저 출입문을 열어주거나, 떨어지려는 짐을 들어 주는 사람도 있었다.

반면 최대한 허름하게 꾸미고 같은 장소로 나가자, 사람들의 반응은 완전히 달라졌다. 부탁을 듣는 둥 마는 둥 지나가거나 손사래를 치고, 심지어 욕까지 하기도 했다. 같은 얼굴에 같은 말투, 같은 상황인데도 옷차림 하나로 완전히 반응이 갈린 것이다.

한국에서는 모 TV 프로그램에서 비슷한 실험을 했었다. EBS는 심리 다큐멘터리 '인간의 두 얼굴'을 통해 옷차림이 첫인상에 미치는 영향을 알아보았다. 피실험자를 첫 번째는 후줄근한 옷차림으로 쇼윈도에 세우고, 두 번째는 깔끔한 정장 차림으로 세웠다. 캐주얼한 복장으로 서 있었을 때 사람들의 평가는 극히 저조했다. 10점 만점에 2점이 평균이었고, 피실험자의 연봉은 3천만 원대라고 추측하기도 했다. 반면 정장 차림일 때는 10점 만점에 8점, 9점이 대부분에 연봉 역시 7~8천만 원 이상이리라고 추측하는 사람들이 많았다.

이는 이성 대상 실험이었으나 동성, 심지어 노소를 가리지 않고 통하는 논리다. 유니세프에서는 6살 아이에게 말끔한 옷과 지저분한 옷을 번갈아 입혀 도움을 요청하는 실험을 했는데, 전자일 때는 많은 사람들이 친절했지만, 후자의 경우에는 아이를 쫓아내며 불쾌한 반응을 보였다. 결국, 아이는 정신적 충격을 받았고 실험 카메라는 중간에 종료되었다.

위의 여러 실험들을 통해 외모와 호감, 옷차림과 첫인상의 상관관계를 짐작할 수 있다. 남녀 모두 꼭 슈트를 입어야 하는 것은 아니다. 그러나 캐주얼한 차림보다 잘 차려입은 상대의 말을 더 잘 들어 주는 것은 검증된 사실이다.

3-3. '깔끔'하고 '무난'하되, 당신만의 스타일을 찾아라

▌깔끔하고 무난한 색상을 고르는 방법

보통 초록은 이성적인 색깔, 빨강은 열정적인 색을 상징한다. 거기서 조금 색이 연해지면 주는 느낌이 강해지고 약해지고의 차이가 생긴다. 주로 밝은 계통은 온화한 느낌을 주며, 남색과 갈색 등등은 침착하고 조용한 인상을 준다. 나무를 보면 마음이 편안해지고, 바다를 보면 기분이 청량해진다는 이야기도 같은 맥락이다.

패션쇼에 오르지 않는 이상, 옷을 입을 때 저렇게 다양한 원색을 모두 쓰는 경우는 드물다. 대신 색과 패턴, 채도와 명도에 따라 느낌이 어떻게 달라지는지 안다면 추후 스타일 확립에 도움이 된다.

격식 있는 자리에서 자주 쓰이는 컬러는 블랙, 네이비, 그레이다. 블랙 색상은 딱딱하고 격식 있는 분위기를 자아내지만, 장례식 등 경조사에나 어울릴 듯한 느낌 때문에 꼭 필요한 자리가 아니면 굳이 선택하지 않는다. 그레이의 경우엔 블랙보다는 무난하다. 대신 밝으면 밝을수록 지나치게 캐주얼해지고, 원단 가격이 낮을 경우 다른 색상들보다 퀄리티 차이가 두드러져 보인다는 단점이 있다. 그래서 가장 많이 택하는 색상이 네이비다. 모든 연령대에서 개성 있고 무난한 데다, 활동성과 캐주얼함, 적당한 자신감까지 녹아 있기 때문이다. 대신 그레이든 네이비든 너무 밝은 계통은 피해야 한다.

영업할 상대를 어느 정도 통계화할 수 있다면, 영업 대상별로 고객군에 따라 미리 어울리는 색상들을 고를 수도 있다. 하지만 현실적으로 어려우니 전천후로 호감을 살 만한 '디폴트 세일즈 모드'를 유지하는 것이 좋다. 네이비 계통의 포멀한 옷들을 베이스로, 그레이 계통과 블랙 계통은 한 벌씩 구비하여 꼭 필요한 순간 입는다는 생각으로 옷장을 관리하자.

백문이 불여일견, 아래는 색상 조합에 따라 줄 수 있는 느낌들이다. 자리별로 어울리는 색을 알고 있다면 어느 만남에서도 유리하니 중요 조합 두세 개는 숙지해 놓도록 하자.

Beige		white	
부드러운, 따뜻함		깨끗함, 단아함, 청순함	
베이지	블랙	화이트	레드
베이지	화이트	화이트	블랙
베이지	오렌지	화이트	핑크
베이지	그린	화이트	블루

Orange		Blue	
상큼함, 활기참		시원함, 젊음	
		블루	화이트
오렌지	블랙	블루	라이트 블루
오렌지	화이트	블루	브라운

색에 관해 이야기했으나, 옷의 색상과 본인의 스타일 하나로만 영업의 성패가 결정되진 않는다. 다만 색상, 스타일, 자신감, 자연스러움, 등등 이 모였을 때 나만의 영업 마인드가 더욱 공고해진다. 법조인에게 필요한 것이 '리걸 마인드'라면 영업사원에게 필요한 것은 바로 '영업 마인드'라고 할 수 있다. 내게 어울리는 옷, 어울리는 색, 어울리는 헤어 스타일에서 나오는 자신감은 말에 신뢰성을 부여하고 더 전문적인 인상을 준다.

부동산은 참을성, 순발력, 영민함과 추진력이 모두 필요한 종목이다. 그런 장점들을 대화 도중 계속하여 느끼게 한다면 어느새 상대방의 마음도 열려 있을 것이다.

3-4. 고객을 설득하는 보디랭귀지

비언어적 요소, 보디랭귀지

사람 대 사람의 대화에는 생각보다 비언어적 요소가 굉장히 많이 들어간다. 신뢰감을 줄 수 있는 목소리, 흔들리지 않는 눈빛, 유연한 손짓과 제스쳐 등 각양각색의 몸짓이 있는데, 이 보디랭귀지는 영업에서 어떻게 적용하는 것이 효율적일까.

비언어 커뮤니케이션은 가장 간단하지만 위력적이다. '응'과 '아니'로 예를 들어서 살펴보자. 같은 '응'이라도 찜찜한 '응'과 흔쾌한 '응'이 있을 것이며, 같은 '아니'라도 비슷한 식으로 종류가 나뉘어 상대방의 기분 및 감정 상태들을 알 수가 있다. 보디랭귀지를 알면 상대와의 대화, 즉 언어로 이뤄지는 게임에서 주도권을 잡기 편하다. 내 보디랭귀지는 은연중 상대에게 이쪽의 의도대로 움직일 수 있게 유도하며, 상대방의 보디랭귀지를 파악할 수 있다면 그때그때 맞춤전략을 세우는 것이 가능하다. 모든 대화의 기본은 소통과 공감에서 시작된다.

호감 가는 인상을 주는 간단한 방법은?

손바닥을 보여주는 제스처와 눈썹을 살짝 올렸다 내리는 제스처를 적절한 타이밍에 섞어 보자. 훨씬 능수능란해 보이는 인상을 줄 수 있을 것이다. 미소는 입만 움직여 지으면 가식적이고 형식적인 느낌이 된다. 항상 눈과 함께, 얼굴 전체를 움직여 웃는다는 생각으로 미소를 연습하는 것도 좋은 방법이다.

승무원이나 아나운서, 더불어 보다 전문적인 서비스업 종사자들은 거울을 보며 웃는 연습과 자연스럽게 응대하는 연습을 자주 한다. 그 정도까지는 아니더라도 본인의 얼굴이 어떻게 보이는지, 자연스러운 표정과 부자연스러운 표정을 구별할 만큼은 거울을 들여다보자.

처음부터 너무 가까운 거리로 들어가면 상대가 부담을 느낄 수도 있다. 두 발에서 세 발 정도 떨어진 거리에서, 상황에 따라 몸을 살짝 앞으로 기울이거나 뒤로 빼는 것도 방법이 될 수 있다. 보디랭귀지의 기술은 상황에 따라, 관계에 따라, 순간순간의 분위기에 따라 천차만별로 달라진다. 어느 하나를 정해놓고 이것이 정석이라고 못 박기 어렵다는 얘기다. 다만 진정성 있는 태도를 고수하고, 적당한 거리를 유지하며, 자신감 있는 태도를 시종일관 보인다면 상대의 마음은 자연스럽게 열릴 것이다.

보다 전문적인 인상, 어떻게 줄까?

위의 이야기는 첫 호감을 주는 과정이었다. 우리가 배우고 숙지해야 하는 보디랭귀지는 영업과 일의 용도라는 것을 기억하자. 즉, 너무 말랑해도 말만 잘하는 서생 느낌을 줄 수 있다.

전문적인 인상을 주기 위해서는, 부드럽지만 단호하게 확신을 주도록 말해야 하고 이야기하면서 손으로 제스처를 취하거나 손가락으로 가져온 자료를 자신 있게 짚는 동작들도 시선을 집중시키기에 효과적이다. 너무 남용하지만 않는다면 턱에 손을 올리거나, 턱선을 만진다거나 하는 동작 역시 원숙하고 지적인 인상을 준다.

그러는 와중에도 상대의 보디랭귀지를 읽어야 한다. 상대가 반응은 좋지만, 몸짓과 일치하지 않을 수도, 반대로 반응은 탐탁잖은 듯 보이나 몸짓은 점점 열릴 수도 있다. 사업에서 첫 순위는 내 패를 보이지 않고 상대의 패를 파악하는 것이다. 상대의 표정을 세심하게 읽되, 내가 너를 관찰하고 있다는 티를 내서는 안 된다.

보통 사람들은 본인을 방어하고 싶을 때 팔짱을 낀다. 마음대로 안 된다는 제스처로는 옷이나 넥타이를 잡아당긴다거나, 머리를 넘긴다거나 하는 동작들이 있다. 코나 입을 자주 가리고 만진다면 거짓말의 징후로도 볼 수 있다. 위와 같은 제스처가 자주 나올 때는 빠르게 새로운 화제를 꺼내 주의를 환기하도록 하자.

눈빛도 중요한 요소 중 하나다. 흐리멍덩한 눈과 똘망똘망한 눈, 어딘지 꿍꿍이가 있을 것 같은 눈 등 세상에는 다양한 눈이 있다. 이는 꼭 쌍꺼풀의 유무나 가로세로의 크기를 말하는 것이 아니다. 초점이 잘 맞지 않고 자신감 없는 눈은 타인이 보기에 흐릿하고 맥이 없어 보인다. 반면 본인을 믿는 사람이라면 제스처뿐 아니라 눈빛에서도 티가 난다. 보디랭귀지의 처음과 끝은 자신감으로 이어진다.

3-5. 상대에게 신뢰를 주는 비즈니스예절

█ 올바른 인사법, 당신은 어디까지 알고 있는지?

3-4에서는 보디랭귀지의 기초에 대해 알아보았다. 상대방에게 매력적이고 전문적인 인상을 남기는 화술 이외의 방법을 살펴봤다면, 이제는 기초 예절을 짚고 넘어가도록 하자. 물론 이곳은 거대 인수합병의 현장도 아니며 상대는 거래처 사장님도 아니다. 그러나 한 명 한 명과의 만남은 중요한 기회를 가져올 수 있다. 자신감이 전문성을 돋보이게 한다면, 올바른 비즈니스 매너는 신뢰성을 돋보이게 할 것이다.

비즈니스에서 인사는 악수로 이어진다. 악수를 청하는 쪽은 보통 아랫사람이 아닌 윗사람 쪽이다. 그때 받는 이는 허리를 살짝 숙이거나, 왼손으로 오른손을 받쳐 예의를 갖춘다. 본래 미팅 자리라면 악수할 때 본인의 이름, 소속, 담당하는 업무를 간단하게 소개하는 것이 기본이니 참고해 두자.

또한, 이성 간의 악수 시에는 여성이 남성에게 청하는 것이 보통이다. 다만 상황상, 모임을 주최한 쪽이 남자라면 여성이 먼저 청해도 무방하다. 손의 각도는 손등이 보이지 않도록 세로로 뻗고, 가볍게 잡은 뒤 2~3초 후에 놓도록 하자.

악수 이후, 명함 교환 단계

어떤 미팅에서든 명함은 꼭 챙겨야 할 준비물이다. 명함을 주고받을 때는 악수와 달리, 아랫사람이나 나이가 적은 쪽이 먼저 건넨다. 악수할 때 세로로 손을 내밀었다면 명함을 줄 때는 상대가 명함 내용을 볼 수 있는 방향으로 건네도록 하자. 내 명함을 준 뒤, 상대의 명함을 받을 때는 가벼운 묵례와 함께 두 손으로 받는 것이 기본예절이다. 받은 명함은 바로 지갑으로 넣지 않고 미팅이 진행되는 동안 탁자에 올려 둬야 하지만, 요즘은 그런 문화가 희미해졌으니 분위기를 봐서 결정해도 된다.

2부

부동산의 기초 지식

1. 부동산, 현장, 그리고 상담

1-1. 요점은 상담이다

소제목과 같이, 모든 계약의 요점은 상담이다. 일단 손님이 방문하면 그때부터 분양맨과 손님의 밀고 당기기, 팔려는 사람과 살까 말까 고민하는 사람의 치열한 협상 전쟁이 벌어진다고 보면 된다. 그래서 필자는 이 장 전체를 상담 노하우와 현장 노하우, 고객 응대 방법 등으로 꽉 채웠다.

'유닛'라고 불리는 모델하우스에 손님이 방문했을 때, 분양사는 친절하게 안내하며 설명을 시작한다. 이 설명이 들어온 순간부터 나갈 것이냐, 아니면 인사도 하고 신변잡기적인 이야기도 좀 나누다가 틈을 봐서 들어갈 것이냐는 분양사 개인의 스타일에 따라 다르다. 하지만 중요한 것은 설명을 잘해야 계약도 할 수 있다는 점이다.

앞의 장에서 이론적인 부분에서 '비즈니스의 기초'를 이야기했다면, 지금은 현장 실무적인 부분에서 '고객을 안내하고 계약을 맺는 법'을 알아보도록 하자.

계약은 나의 태도에서부터 비롯된다

손님과 나의, 리드하고 리드당하는 입장을 바꾸는 관계에서부터 시작된다고 봐도 되는 것이다. 그렇다면 어떤 자세를 취해야 할까? 당연히 주눅 들지 않고, 예의 바르되 당당한 자세로 맞이하는 것이 좋다. 여기서 기억할 포인트는 두 가지다. 손님을 안내하거나 리드할 때,

1) 허리를 곧게 펼 것
2) 가슴, 정확히는 흉추를 웨이트 트레이닝 할 때처럼 살짝 들어 줄 것이다.

사람은 본능적으로 자신보다 자세가 곧고, 자신의 약점인 가슴을 내민 사람에게 신뢰를 느끼는 경우가 많다. 이는 사람뿐만 아닌 모든 동물들이 다 마찬가지다. 이 자세 또한 나를 처음 보는 손님에게 심리적으로, 또 본능적으로 '이 영업사원은 쉽지 않겠구나' 하는 인식을 심어주기 위함이다.

다만 주의할 점은, 절대 무례한 리딩을 보이라는 말이 아니다. 자신감이 있고 당당한 느낌을 주는 정도면 충분하다.

브리핑

손님을 마주 보며 브리핑을 할 시에는 좀 더 확실한 자료와 근거가 필요하다. 필요한 부분은 경쟁상품의 정보, 손님에 대한 파악이다. 앞의 두 가지가 선행되었다면 그 정보들을 최대한 활용하여 손님의 니즈는 어떤 것인지 알아야 한다.

손님과는 관계없이 기본적으로 파악해야 할 부분은 뭘까?

1) 경쟁상품정보

2) 근처 시세

3) 미래호재

4) 미래가치

이 네 가지는 어떠한 현장에서든 파악하고 있어야 한다.

특히 브리핑에서 제일 중요한 점은 경쟁상품과 미래가치다. 여기서 어중간한 태도를 취하는 순간 손님은 영업사원을 비전문가, 자신에게 설명해 줄 지식이 없는 사람처럼 여기게 된다. 손님을 리드해 잡아당길 거면 확실하게 당겨야 한다. 손님을 혼란스럽게 만들고 분양도 실패하지 말고, 상담사 본인부터가 확실한 색깔을 가지고 있어야 한다.

미래가치는 부동산에서 가장 중요하다고 해도 과언이 아니다. 부동산을 계약하는 사람들은 절대 현재를 보고 계약하지 않는다. 짧게는 4년에서 5년, 길게는 10년에서 20년까지도 보고 계약을 한다. 그렇기에 상담사 자신이 미래가치에 대한 이해와 파악을 확실히 하고, 그 확신을 손님에게 잘 전달해야 한다. 본인의 확신 부족이나 정보 부족은 말과 태도에서 묻어나온다.

상담할 시, 정확한 팩트만을 근거로 브리핑해야 하며, 손님을 기만하거나 속일 생각으로 브리핑하여서는 안 된다.

필자가 브리핑하는 순서는 해당 현장에 대한 과거와 현재, 그리고 미래다. 요즘에는 워낙 유튜브 등 인터넷상에 많은 정보가 돌아다니기 때문에 모든 정보를 다 믿을 수는 없다. 그래서 우리 입장에서 팩트를 확실히 구별하여 손님에게 제안해야 한다.

브리핑시간이 너무 긴 것과 너무 짧은 것 모두 좋지 않다. 어차피 계약하기로 마음을 먹고 오는 경우라면 괜찮지만, 그것이 아니라면 방심하지 말고 처음부터 끝까지 정성 들여 브리핑하는 것이 좋다.

위의 순서대로 진행할 경우 대부분 1시간에서 1시간 15분 정도의 상담시간이 나올 것이다. 타이밍은 대충 저 부근이다. 그때까지도 분위기 좋게 상담이 유지된다면 자연스럽게 계약 호실을 제안해 보는 것이 좋다.
호실이란 손님이 어떤 호실을 계약할지에 대한 제안이고, 이때 상담이 잘 이루어져야만 클로징이 가능하다.

모델하우스 안내하는 방법

유닛을 안내하는 방법은 크게 2가지로 나뉜다.

1) 유닛 먼저 보여주기
2) 유닛 추후에 보여주기

수학은 1+2, 2+1 결과가 똑같지만, 영업은 1+2, 2+1 어떤 걸 먼저 두느냐에 따라 결과가 완전히 달라진다.

유닛 안내 또한 마찬가지다. 대부분의 분양인들은 손님이 오면 유닛을 먼저 보여주고 그다음 안내해 주는 식으로 영업한다. 이게 틀렸다는 건 아니지만, 상황에 따라 유닛보다는 설명을 먼저 해 주고, 손님의 기대감을 끓게 만드는 작업이 필요하다.

그럼 어떤 것을 기준으로 세워야 할까? 바로 호재 대비 유닛 구성이다! 현장을 많이 해본 직원들은 알 것이다. 이 현장의 위치나 지역적인 호재는 참 많지만, 그에 따라서 유닛 구성이 불만족스러운 수준으로 나올 때가 생각보다 꽤 있다. 이런 경우는 유닛을 먼저 보여주면 안 된다. 먼저 앉혀서 손님과 대화한 후, 브리핑 이후에 유닛을 보여주는 것이 좋다.

모델하우스 유닛 설명 방법

여기서 90%가 넘는 영업사원들이 실수하는 부분이 있다. 바로 손님에게 신발장부터 냉장고 문까지 '직접 열어 보여주는 서비스'다. 그런데 이것은 크게 잘못된 것이다.

작은 yes가 큰 YES로 바뀌는 법을 명심하여야 한다. 손님과의 계약 여부는 어쩌면 여기서 결정이 될지도 모른다. 손님들에게 하나하나 보여주고 열어주지 말고 그들이 궁금해할 만할 지사를 내려라.

"저기 냉장고 문 한번 열어보시겠어요?"

"저기 아래 장 한번 열어보시겠어요?"

등등, 이런 식으로 손님들에게 작은 지시부터 내리고 내가 그들을 컨트롤 할 줄 알아야 한다. 그 처음은 유닛 안에서 대부분 시작된다.

앉는 순간부터 손님과의 게임은 시작된다

펼쳐진 협상의 테이블에서, 단순히 손님을 브리핑으로 꺾는다는 생각보다는 나의 태도, 그리고 나와 손님과의 관계에서 계약이 발생한다는 생각을 가져야 한다. 우리는 영업사원이지만 손님에게 물건을 '안내'하는 것뿐이 아닌 '판매'를 해야 한다.

그러면 나의 태도, 또 손님을 리드하여 신뢰감을 주는 관계에서부터 계약이 시작된다고 알고 있어야 한다.

1-2. 좋은 현장을 고르는 방법

현장을 고를 때 착각하는 부분이 있다. 아무리 좋은 입지, 쉬운 난이도의 현장이라 하더라도 다 단점이 있기 마련이다. 쉽게 말해 눈에 보이는 게 전부가 아니란 뜻이다. 현장은 좋아 보이지만 영업하는 분위기가 별로일 수도 있고, 보기와 다르게 수수료에 문제가 생겨서 입지나 분양성 대비 분양이 잘 끝나지 않을 수도 있는 법이다.

좋은 현장을 고르는 방법은 다음과 같다

① 수수료 확인은 꼭 해야 한다.

지금은 많이 줄어들었지만, 과거 분양판에서는 대행사 측에서 일부러 수수료를 안 주거나, 안 줄 이유를 만들어서 미지급했던 경우도 굉장히 많았다. 지금은 인터넷이 발달하고 수수료를 안 주면 공론화될 플랫폼이 많아졌기에 그럴 일이 많이 사라졌지만, 그런데도 현장마다 수수료가 막히는 때도 있으니 꼭 확인하여야 한다. 요즘에는 카페, 밴드 등 여러 SNS에서 확인할 수 있으니까 꼭 체크해 보고 들어가도록 하자.

② 본부장, 팀장의 역량

영업조직이 다 그렇지만 본인 능력 밖의 포지션을 맡아서 현장을 망치는 케이스가 상당히 많다. 영업적으로, 또 부동산적으로 직원들을 교육할 수 없거나 등 여러 가지 요인들이 많은데, 본인이 현장에 투입되었을 때 이 사람에게 잘 배울 수 있겠다는 생각이 들고, 따를 만한 가치가 있다고 느껴지는 이와 함께해야 한다.

처음 분양을 접한다거나 앞으로 분양에 꿈이 있다면 어떤 사람에게 어떻게 배우느냐가 상당히 중요하고, 어쩌면 영업적으로 터닝포인트가 될 수 있는 부분이기도 하므로 어떤 본부장과 팀장에게 일을 배우느냐가 매우 중요해진다.

③ 현장의 컨디션 파악하기

그렇다고 하여 현장 자체가 중요하지 않다는 건 아니다. 현장은 영업사원과 손님을 하나로 연결시키는 곳이기 때문에 현장의 컨디션 또한 굉장히 중요한 부분 중 하나다.

단순히 수수료가 높고 영업사원만 배부를 수 있는 현장이 아닌, 손님 또한 이 현장에서 만족하여야 하고 영업사원도 현장에서 만족하여야 한다. 그러기 위해선 현장의 공사현장도 가 봐야 하고 현장뿐만이 아니라 현장 주변의 호재 및 상황을 파악해 두어야 한다. 단순히 수수료만 높다고 하여 투입하였다가 추후 손님들이 피해를 보는 경우가 많다 보니 영업사원들이 필히 신경을 써야 하는 부분이다. 영업사원 본인 또한 손님의 재산을 안전하게 불려 준다는, 보호해 준다는 사명감을 가지고 현장으로 투입되어야 한다. 이왕이면 브랜드 현장을 투입해서 파는 것이 좋겠지만, 꼭 브랜드라고 해서 좋고 브랜드가 아니라고 해서 안 좋은 것도 아님을 명심하자.

1-3. 하지 말아야 하는 상담

절대 하지 말아야 할 것 2가지

첫째는 손님을 기망하는 것이고, 둘째는 영업적인 수준을 넘어 과한 브리핑을 하는 것이다. 이 둘은 부동산을 하면서 절대 하지 말아야 할 대표적인 행위다

과거에 전매가 되었던 현장 중에는 손님들에게 전매해줄 테니 나와 계약을 하자든가, 전매 시 얼마의 프리미엄을 붙여서 직접 팔아 주겠다든가 하는 식으로 계약만 따낸 다음 휴대폰 번호를 바꾸고 연락이 두절되는 경우도 많았다.

요즘은 전매 제한이 생겨 쉽지 않지만, 아직 상가와 오피스, 지식산업센터 등 몇몇 부동산들은 전매가 가능하다. 이런 현장에선 영업사원이 전매해준다며 계약을 성사시키는 경우가 많은데 절대 하지 말아야 할 행동이다

호재에 대해서, 미래가치에 대해서 마케팅적으로 약간은 과장할 수 있다. 하지만 없는 호재를 만들지는 말아야 한다. 과거 같이 일했던 실장님 같은 경우, 모 지역에 GTX가 들어가지 않음에도 불구하고 GTX가 들어간다고 거짓 브리핑을 하여 손님을 속여 계약을 따낸 적이 있었다.

그 사실을 알고 필자는 입이 벌어질 정도로 놀랐다. 정작 당사자는 어

차피 손님이 녹음하지도 않았고 나는 잡아떼면 그만이라면서 무책임한 답변을 내놓았는데, 실제로 이런 브리핑은 절대 하지 말아야 한다. 아무리 내 실적과 영업이 급하더라도 거짓으로 손님의 피 같은 돈을 갈취할 수는 없는 법이다.

현장을 잘 고르고 교육을 잘 받는다면 저런 과한 브리핑, 없는 호재를 이야기하지 않아도 충분히 계약을 쓸 수 있을 것이다. 수수료가 높거나 돈이 급해서 마음에 저런 유혹이 든다고 하여도 절대 손님을 기망하지는 말도록 하자.

브리핑 파일 만드는 방법

브리핑 파일은 영업사원에게 가장 큰 무기다. 절대 대충 만들어서도 안 되고, 소홀히 관리해서도 안 되는 총과 같다. 전쟁에서 이기려면 좋은 무기와 좋은 작전이 있어야 하듯이 계약을 성사시키려면 단순히 좋은 현장만 가지고는 부족하다. 나 또한 완벽한 무기를 만들어서 손질까지 마친 뒤 손님에게로 들어가야 한다.

타고난 입담을 가지고 있다거나, 재능 넘치는 영업사원이라면 손쉽게 브리핑을 할 수 있겠지만 평범한 사람이 특별한 사람보다 훨씬 많다. 또한, 그런 경우는 이 책이 필요가 없을 테니 내가 하는 방법을 간단히 소개하겠다.

브리핑 방법: 위에서 말한 프로세스 중에 selling point를 잘 만들어 둬야 한다. selling point야말로 브리핑의 핵심이다.

브리핑하는 순서는 지역(숲)설명 → 우리 현장(나무) 인근의 호재설명 → 호실(열매) 설명 식으로 이어지는 게 좋다. 하지만 이것은 팀장들 수준의 브리핑이고 1차 직원상담 → 2차 팀장 상담 형태의 기준이라면 초급자가 유닛 설명에서 자리에 앉힌 다음 팀장에게 2차를 넘기는 것이 가장 이상적이다. 그리고 차츰차츰 손님들과 대화를 하면서 숲에서 나무까지 이어지면 된다. 물론 이것만으로 계약이 나가지는 않는다. 하지만 무척이나 중요한 절차이다. 이 절차 중에 우리가 손님에게 강하게 어필해야 하는 것 3가지를 명심하자.

1) 이 물건을 분양받으면서 실질적으로 얻는 이득 3가지
2) 이 물건을 분양받으면서 감정적으로 얻는 이득 3가지
3) 나에게 사야 하는 이유 3가지

이 3가지를 꼭 매 현장마다 만들어서 브리핑에 들어가면 지금보다 계약률이 50% 이상은 올라갈 것이다.

2. 부동산의 종류 완전분석

2-1. 부동산의 정의와 '대한민국 부동산'

부동산의 정의는 토지와 그 위에 있는 건축물 및 입목立木이다. <민법>에서는 부동산을 토지와 그 정착물이라고 규정하고 있는데, 우리나라에서 부동산이라고 하면 청약 후 분양, 취득 후 양도 등 매입과 매수행위가 가능한 모든 땅 및 건물과 일맥상통한다.

우리나라 민법 제99조 1항에서는 '토지 및 그 정착물은 부동산이다.'라고 정의한다. 그 외에도 각종 법률을 통하여, 토지와 별개의 독립한 부동산인 건물, 토지에 부착된 수목의 집단으로 입목등기를 마친 수목, 명인방법을 갖춘 수목 등도 부동산에 해당한다고 규정하고 있다.

한국에서 성공하려면 사이드잡으로 투자를 선택해야 한다는 말이 있다. 2000년대 이후, 한 해 한 해가 지날수록 그 주장엔 무게가 실려 왔다. 대기업에 들어가더라도 월급만으로 내 집을 사기란 어렵다. 월급을 모아 주식이나 부동산 등에 투자하고, 그로 인해 자산을 차근차근 불려가는 것이 진짜 '내 집 마련'을 위한 방법이다.

왜 부동산인가?

가상화폐나 주식, 해외선물 등은 리스크가 크다. 단타니 장타니, 옵션 선택을 어떻게 하는지에 따라 차이는 조금씩 있지만, 기본적으로 하이리스크 하이리턴이다. 본인의 실력이 중급자 이상이어도 며칠간 수천만 원의 손실을 볼 수 있다는 이야기. 반면 부동산은 비교적 폭삭 무너질 확률이 낮다. 주식보다 높은 액수의 목돈이 필요하다는 것, 잘못 투자하면 원금을 못 찾긴 마찬가지라는 점, 여러 규제 속에서 경쟁자들과 승부해야 한다는 것들은 부동산의 위험성이지만 올바른 전략을 갖추고 들어가면 자산증식확률은 높다.

다만 부동산도 주식만큼, 어쩌면 주식보다 더 전문적인 지식과 좋은 감이 필요하다. 삼성 주식에 투자하면 손해는 잘 안 보리라는 걸 모르는 사람이 있을까? 문제는 나 말고 모든 사람도 그렇게 생각한다는 것이다. 거래로 이득을 보는 기본은 싸게 사서 비싸게 파는 방법인데, 누구한테나 좋아 보이는 옵션은 비싸다. 강남불패를 대한민국 국민 누구나가 알지만 싸게 사서 비싸게 팔 수 없으니 그림의 떡인 것처럼, 부동산 시장에서도 좋은 매물은 이목이 쏠리고 가격대가 올라간다. 치열한 눈치싸움과 더불어, 본인의 전략을 믿고 수행하는 과감한 판단력이 필요한 이유다.

2-2. 청약과 분양 전쟁: 아파트

대한민국 안전자산, 아파트

대한민국에서 아파트는 청약/분양 경쟁도 심하고 인기도 많다. 그 이유는 바로 가장 안전한 자산이기 때문. 다른 자산증식 투자나 가상화폐, 사업 투자 등등은 리스크도 크고 추후 활용도도 낮지만, 부동산 투자 및 아파트 분양은 내가 살 집이 될 수도 있다. 게다가 안정적인 수요가 뒷받침되기에 환금성(현금화)도 좋고, 은행 대출도 잘 나온다.

물론 1가구 이상의 소유자가 아파트를 매매할 시에는 대출이 어렵거나 아예 불가능하다. 이는 무엇을 의미할까? '투자가 목적이면 좀 어렵겠는데', 하는 생각이 들었다면 당신도 부동산을 보는 안목의 기본은 갖춰졌다는 것이다. 실제로 갭투자는 물론, 아파트 거래 자체에도 이 1가구 이상 소유자 매매 시 대출 제한은 상당량의 리스크를 얹는다. 다주택자는 전세대출이 불가하기에 기존 주택을 담보로 대출을 받아 전세보증금을 마련하고, 추후에 매각되면 전세대출로 전환하는 방법을 택할 수 있으나, 아파트 자체를 거래하여 수익을 얻으려는 이들은 주로 신혼부부나 무주택자인 이유도 위와 동일하다.

아파트의 정의는?

아파트는 주거용 부동산상품 중 가장 전형적인 상품이라 볼 수 있다. 우선 집값 상승으로 인한 시세차익을 누릴 수 있는 데다, 추가로 주거까지 가능하니 나름대로 범용성이 좋은 셈이다. 또한, 요 몇 년, 아니 수십 년간 수도권 내의 집값은 꾸준히 올라왔다. 이러한 전례는 여전히 수많은 투자자들을 부동산상품으로 재테크하도록 유도하고 있다.

위에서 언급했다시피, 아파트는 가장 전형적인 상품인 동시에 가장 보편적인 주거형태를 지닌다. 투자 목적만이 아니라 실거주 목적도 공존한다는 뜻. 따라서 정부의 부동산 관련 규제정책에 영향을 가장 많이 받는다. 정부가 뽑아 든 수많은 부동산 대책(이라고 쓰고 부동산 규제라고 읽는다)에도 불구하고 안정적이면서도 인기 많은 상품인 이유가 있는 셈.

그렇다면 아파트의 사전적 정의는 무엇일까? 각 세대가 하나의 건축물 안에서 각각 독립된 주거생활을 영위할 수 있는 구조로 된 주택을 말하는데, 이렇게만 보면 다른 집들과도 다를 바가 없다. 그래서 아파트에는 조건이 하나 붙는다. 바로 '5층 이상의 공동주택'이어야 한다는 것. 4층까지의 건물은 주택이나 빌라 등 다른 이름으로 부른다.

더 흥미로운 점이라면, 우리나라 국민 10명 가운데 6명이 아파트에 거주한다는 것이다. 이렇게 거주비율이 높은 국가는 세계에서 한국밖에 없다고 한다. 이러한 현상이 나타나는 이유는 한국에서의 아파트가 거주

공간뿐 아닌 투자의 목적까지 겸하고 있기 때문이다. 실제 미국이나 영국, 일본 등 선진국에서 아파트란 서민들의 집이다. 층수가 높고 가구 수가 많아 고급스럽지 못하다는 인식 탓인데, 그래서 외국의 고급주택이란 아파트가 아닌 단독주택 등을 의미한다. 한편 한국에서는? 주거가 5할이라면 투자도 5할. 매수자와 매도자에 따라 투자가 그보다 더 높은 비율일 수도 있다.

2-3. 주택시장 규제의 반사이익: 오피스텔

사무실도 OK, 주거공간도 OK!

'오피스텔'이라 하면 당신은 무엇이 생각나는가? 사무실 겸 거주지라는 개념이 떠오르면 일반인이고, 규제가 덜해서 인기가 많은 상품이라는 개념이 떠오르면 뼛속까지 투자자라는 농담이 있다.

본래 부동산 시장의 1인자는 자타공인 아파트였다. 환금성도 수요도 매우 높은 편이었으나, 고공행진 역사가 이어지며 정부가 규제의 칼을 뽑아 든 뒤로 얘기가 달라졌다. 물건이 좋으면 뭘 하겠나, 사거나 파는 데 제한을 두면 결국 이득이 없는데. 그래서 주춤하는 아파트 시장의 지분을 잡아먹으러 나선 것이 바로 오피스텔이다. 애초 규제 자체가 덜한 데다 주거용으로도 꽤 인기 많은 매물이 쏟아져 나오고, 아파트 규제로 인한 반사이익까지 받을 수 있으니 쏠쏠하게 재미를 보고픈 투자자들은 오피스텔을 주목한다.

아파트는 뭐가 안 되고, 오피스텔은 뭐가 되는 걸까?

당신이 새 아파트를 마련하려는 사람이라고 가정해보자. 벌써 머리가 아파진다. 우선 청약 경쟁률은 끝도 없이 높아진다. 게다가 청약 가점도 계산해야 하고, 강화된 주택담보 대출 때문에 돈이 잘 나오지도 않는다. 그뿐이랴, 세 부담까지 무거워지니 새로운 아파트 마련까지는 지난한 기다림과 노력을 거쳐야 한다.

그에 반하면 오피스텔은 규제 무풍지대나 마찬가지다. 만 19세 이상이면 청약통장 없이도 청약이 가능하며, 해당 지역에 거주하지 않더라도 청약이 가능하다. 게다가 오피스텔은 기본적으로 주택법이 아닌 건축법의 적용을 받는다. 주택 수에 포함되지 않아 무주택자 자격 유지가 가능한 것이 얼마나 큰 장점인지는 부동산 초급자라도 아는 사실. 만약 다주택자라면 보유세 부담이 덜어지니, 투자자 입장에서는 굳이 골치 아픈 아파트를 잡고 있기보다는 오피스텔을 '굴려 볼까' 하는 마음이 들 법도 하다.

오피스텔에 대해 조금 더 상세히 알아보자. 오피스텔이란, 주거 용도로도 사용할 수 있지만, 법적으로는 업무시설인 상품이다. 건축법 적용을 받는 업무시설이기 때문에 취득세 4.6%가 부과되지만(도시형생활주택 85㎡, 6억 원 이하일 경우 1.1% 부과) 개인이 보유 중인 주택 수에는 포함되지 않는다. 다만 주거용 오피스텔로 신고 후, 전입신고까지 마쳤을 때는 주택에 포함되니 이 차이를 알고 있어야 한다. 오피스텔과 비슷한 상품을 찾자면 도시형생활주택 등이 있는데, 둘 모두 임대 수익을 위한 부동산상품이다. 규제가 덜하다고 조심성 없이 들어가는 건 위험하니, 항상 주변의 경쟁상품들을 파악하고 비교한 다음 투자에 임하도록 하자. 바로 근처에 도시형생활주택 또는 오피스텔이 밀집해 있다면 포지션이 겹친다는 이야기다.

덧붙이자면, '도시형생활주택'은 오피스텔과 비슷하지만 완벽하게 똑같지는 않다. 목표 구매층은 도시지역 내 1~2인 가구이며, 주택 공급을 원활하고 신속하게 하기 위하여 주택건설 및 부대시설 설치 기준 등 각종 기준을 완화해 준 주택유형이라 할 수 있겠다. 이 역시 임대 수익을 목적으로 한 부동산상품이나, 오피스텔과는 달리 주택으로 분류되기에 분양 후 임대를 해도 가지고 있는 주택 수에 포함된다. 20㎡ 이하일 경우에는 청약에서만 미포함이 적용된다는 정보도 짚고만 넘어가자.

오피스텔의 장점에는 무엇이 있을까?

① 첫째, 업무용 오피스텔은 집이 아니라 상가이다

1가구 2주택이 되는 순간 생기는 리스크는 체감상 어마어마하다. 하지만 업무용 오피스텔은 집이 아닌 상가로 잡히기에 그런 걱정은 덜어 두어도 된다. 단 하나 예외가 있다면 주거용 오피스텔이다. 이 경우에는 주택으로 간주하는데, 취득세 납부에서도 주택(1.1%~3.5%)의 세율을 적용받는 것이 아니라 상가(4.6%)의 세율을 적용받는다.

② 둘째, 안정적인 월세 수금이 가능하다

말 그대로 안정적으로 월세를 받을 수 있다. 오피스텔은 시장이 열린 이래 꾸준히 수요가 존재해 왔다.

③ 셋째, 가격이 오를 가능성이 있다

어느 시장이나 그렇겠지만, 공급 대비 수요가 많으면 가격이 뛴다. 오피스텔을 찾는 사람에 비해 오피스텔의 수가 부족하다면 가격이 빠르게 오르곤 한다.

④ 넷째, 규제 완화가 계속된다

현재 전용면적 85㎡ 이하인 주거용 오피스텔의 경우, 바닥 난방이 가능해졌다. 그뿐만 아니라 욕실의 면적제한까지 풀려, 세를 놓기 더더욱 유리해졌다. 계속해서 규제의 완화 행진이 이어진다면 투자자의 선호도도 함께 높아질 것이다. 아래 표를 참조하여 오피스텔 규제 완화 역사를 따라가 보자.

구분	2004.06	2006.12	2009.01	2009.09	2010.06	2014.12
바닥 난방	전면금지	전용 50㎡ 초과 금지	전용 60㎡ 초과 금지	전용 85㎡ 초과 금지		
욕실 설치	1개 이하/가능 면적 3㎡ 초과 불가		1개 이하/가능 면적 5㎡ 초과 불가		전면 허용	

⑤ 다섯째. 부동산 대책에서 비교적 자유롭다.

지난 11.3. 대책은 많은 투자자를 눈물짓게 했다. 전매 제한 강화와 1순위 제한, 재당첨 제한에 2순위 청약통장 저 필요 등 온갖 규제들이 종합선물세트처럼 날아왔기 때문이다. 하지만 오피스텔 투자는 위의 규제대상들에 해당하지 않는다. 예·적금 금리가 높지 않은 상황에서 소액투자로 적금보다 높은 수익률을 올릴 수 있다면? 투자자들의 이목을 집중시키고도 남는다.

오피스텔 투자, 이런 점들은 주의하자

① 첫째. 실제로 세금 혜택을 받는가?

잘 모르는 상태로, 인터넷이나 부동산 책자 등에 떠도는 말만 믿고 '난 무조건 세금 혜택을 받겠지' 하는 마음을 먹어서는 안 된다. 백문이 불여일견이며, 돌다리도 두드려 보고 건너야 한다. 내 경우와 다른 사람의 경우는 다를 수도 있으니, 실제로 세금 혜택을 받는지는 반드시 확인해 본 다음 투자에 나서자.

② 둘째. 자나 깨나 거품 조심!

규제를 덜 받고 부동산 대책에서 자유롭다고 무조건 이득만 보는 건 아니다. 오피스텔이라는 부동산 카테고리가 유리할 뿐, 유리한 곳에 뛰어드는 투자자들 사이에서 당신은 평범한 오피스텔 투자 예정자일 뿐이다. 분양가와 월세가 지나치게 높지는 않은지, 즉 거품이 끼어 있지는 않은지를 비교·분석하여 알아보자.

③ 셋째. 공실률이라는 변수

오피스텔에 공실이 많다면 여러 이유가 있지만, 대체로는 긍정적 시그널보다 부정적인 시그널 쪽에 가깝다. 투자할 오피스텔의 공실률은 항시 살펴보아야 하는 부분이다.

④ 넷째. 오피스텔도 사전분양은 신중을 기하자

사전분양은 늘 이야기하지만, 양날의 검이다. 주변에서 괜찮은 매물이라고, 무조건 받아야 한다고 해서 신청부터 덜컥했다간 추후 낭패를 볼 수 있다. 규제가 덜하다고 조심할 필요가 없다는 뜻은 아니라는 것을 늘 명심하자.

오피스텔과 아파트의 콜라보, '아파텔'의 가치는?

'아파텔'이라는 단어를 들어 본 적이 있을 것이다. 아파텔이란 정식 용어는 아니고, 부동산 시장에서 쓰이는 신조어다. 아파트와 오피스텔의 특성을 모두 가지고 있다고 하여 만들어진 말인데, 일반적으로 업무용 오피스텔이 아닌 주거용 오피스텔을 일컫는다.

아파텔의 장점은 아파트와 같은 평형대라도 별도의 청약통장이 필요 없다는 것이다. 그렇기에 청약 1순위의 조건이 되지 않거나 청약가점이 부족한 사람들은 원하는 평형대의 아파텔로 관심을 돌리기도 한다. 아파텔 현장은 일단 분양이 시작되면 동과 호수 모두 선착순으로 진행되니, 만반의 준비를 하고 들어가는 편이 좋다.

아파텔의 다양한 특성들

1) 아파텔은 청약아파트와 달리, 다주택자에게도 별다른 제한이 없다. 단지 대출이 될지 안 될지는 현장 컨디션마다 다르다. 이 체크는 누가 해 주는 것이 아니니 투자자 본인이 꼼꼼하게 알아보아야 한다.

2) 아파텔은 아파트보다 상대적으로 분양가가 낮다. 실제로 주변 시세를 확인하면 아파트보다 낮은 시세가 형성되어 있음을 볼 수 있는데, 자금 여력이 조금 부족해 아파트에 도전하지 못하는 사람들에게는 이 역시 상당한 메리트로 작용한다. 두 개, 세 개씩의 방이 필요하지 않은 1인 가구나 신혼부부에게 특히 적합한 주거공간이다.

3) 아파텔은 우수한 생활환경을 보유하고 있다. 아파트만큼 공간이 넓진 않더라도, 아파트와 동일한 주거 특화 구조로 설계되었기 때문. 위에서는 신혼부부나 1인 가구를 추천했지만 2룸이나 3룸, 2베이

나 3베이 등의 구조라면 4인 가정까지도 쾌적한 생활이 가능하다. 잘 관리되는 보안시스템, 알파룸과 드레스룸, 우수한 채광 및 통풍, 널찍한 공간감은 아파트에 결코 뒤처지지 않는 옵션들이다.

4) 아파텔은 아파트와 달리 주택법 규제를 받지 않는다. 이는 주거지역 뿐만이 아니라 상업지역에도 건축할 수 있다는 뜻인데, 따라서 역세권에 위치하는 경우도 많다. 교통이 편리하니 자연스럽게 출퇴근 환경이 중요한 직장인들에게 어필이 된다. 주거지역에만 건축이 가능한 아파트에서는 느낄 수 없는 생활편의도 가져갈 수 있다는 이야기다.

5) 아파트의 전용률은 통상적으로 70%~80%에 머무른다. 오피스텔은 이전까지 50%~60% 수준이었지만, 최근 많은 부분들이 개선되어 70%대 '아파텔'도 쉽게 찾아볼 수 있다.

2-4. 공실을 최소화하라: 상가

임대수입을 원한다면 꼭 잡아야 할 '상가'

상가는 수익형 부동산 중에서도 임대수입이 높은 편에 속한다. 시장의 흐름에 따라 조금씩 바뀌긴 하지만, 오히려 주택에 비해서도 수요가 지속적으로 있는 편이라 '아는 사람들은 상가만 찾는다'는 말이 있을 정도. 가장 큰 리스크라면 역시 공실이다. 부동산에도 하이리스크-하이리턴이라는 말은 어느 정도 통용되는 이야기이므로, 이번 단락에서는 공실만 잡는다면 안정적 수익을 올리는 것이 가능한 상가를 살펴보도록 하겠다.

들어가기 전에 알아야 할 점은, 상가에 투자하는 목적은 시세차익이 아니라는 것이다. 애당초 상가는 당장 얻을 수 있는 수익을 보고 들어가는 수익형 부동산이다. 월세를 받기 위해서 상가에 투자하는 것이지, 시세차익을 원한다면 주택이나 토지에 투자하는 편이 맞다. 그러므로 임대수입이 아닌 시세차익이 목적인 이라면 상가는 적합한 모델이 아니다.

스트리트형 상가의 정의는?

일명 '스트리트형 상가'는 길을 따라 쭉 구성된 구획의 상가들을 말한다. 흔히 예를 들 수 있는 지역으로는 가로수길, 또는 정자동 카페 거리를 이야기할 수 있겠다. 이와 같은 스트리트형 상가의 특징이라면 보통 2층 이내의 저층에 자리를 잡고 있다는 것이다. 그렇다고 해서 무조건 1층을 선택해야 하는 건 아니다. 그 상권 내, 상가 내의 동선을 고려한 다음, 지역이 얼마만큼 활성화되어 있는지도 살펴보는 것이 더 중요하다.

역세권에 자리를 잡은 스트리트형 상가의 경우에는 이미 고정적인 소비층이 확보되었을 확률이 높다. 이는 곧 꾸준한 분양가 상승을 의미한다. 아파트나 주거형 건축물들도 마찬가지지만, 고정소비층의 확보는 추후 건물을 되팔 때 시세차익으로 돌아오니 미래계획을 위해서라도 체크해 두도록 하자. 아무리 좋은 매물일지언정 평생 끼고 살 작정으로 부동산을 둘러보면 안목이 좁아지고 선택지도 줄어든다.

1층만 시공된 스트리트형 상가는 분양가가 비싼 경우가 많다. 가능성만 보고 덜컥 계약해 버렸다가 상권 활성화가 안 되어 길목 전체가 죽으면 이런 낭패가 없다. 그렇기에 반드시 수요층은 물론, 공실 여부를 확인하도록 하자. 또 하나 위험한 점이라면 기껏 높은 가격에 분양을 받은 상가에 아무도 임대를 들어오지 않는 것이다. 물론 스트리트 상가는 지역에 따라 폭발적인 관심과 높은 분양율을 보이기도 한다. 다만 수요 대비 과잉공급지역이나, 건물은 있더라도 수요층이 얇은 지역은 투자 대비 효율이 아예 나지 않을 수도 있기에 각별한 주의가 필요하다. 높은 임대 수익에 이어, 잘 나가는 상가를 되팔아 시세차익까지 챙기기 위해서는 아래부터 설명할 상가투자의 장단점을 확실히 숙지해야 한다.

왜 자산가들은 상가투자에 눈을 돌릴까?

상가투자의 가장 큰 장점은 고정적인 임대 수익이다. 이 때문에 은퇴 이후 노후를 준비하는 사람들에게 인기 많은 투자 수단 중 하나다. 게다가 상가 분양을 진행하는 시행사 또는 건설사가 사전부터 임차인을 미리 구해 둘 때가 있는데, 이런 경우에는 임대인이 직접 건물을 관리해야 하는 부담이 없기에 경제적 리스크 감소까지 가능하다.

임차 업종별로 차이는 있으나, 상가는 통상적으로 은행 금리의 2배 가까이 되는 수익률을 기대할 수 있다. 그중에서도 특히나 안정적이어서 임대수익률이 높은 업종은 은행과 편의점인데, 요즘은 타 임대 상가에 편의점들이 우후죽순 늘어나고 있으니 근처 상황을 잘 고려하여 투자해야 한다.

자산가들이 상가투자로 눈을 돌리는 이유는 이외에도 많다. 일반적으로, 부동산은 매입한 뒤 바로바로 현금화가 어렵다. 반면 상가는 매달 고정적으로 현금 수입이 생긴다. 고객 수요가 없으면 완전히 허탕 치는 게 아니냐, 할 수도 있지만, 주변에 주거단지를 낀 근린상가나, 기초 유동인구가 보장되는 매물이라면 어느 정도의 수입은 기대할 만하다.

상가투자, 코로나 19가 주도하는 명과 암

상가투자를 생각하는 이들에게 가장 큰 리스크란 역시 공실이다. 공실이 장기화하는 순간, 그에 따라 발생하는 이자와 관리비 모두를 투자자가 부담하여야 한다. 전국 상가 공실률은 꾸준히 증가와 소폭 하락세를 반복했는데, 이 또한 지역에 따라서 개별성이 강하고 예외가 많아서 쉽게 획일화하기 어렵다.

상가의 특징 중 하나는, 평균 분양 가격과 평균 공실률이 함께 높아진다는 점이다. 분양 가격이 높으면 당연히 들어오는 사람도 상대적으로 줄 수밖에 없고, 그렇다면 공실률도 높아지는 결말에 이른다. 이렇게 되고 나면 투자자의 수익에 문제가 생기고 마는 것이다.

그래서 상가투자를 위해서는 임차가 확실히 맞춰진 상가를 목표로 해야 한다. 예를 들면 메이저한 은행이나 생명보험, 삼성화재처럼 우량기업들이 임차해 있는 상가에 발을 들이는 것이다. 물론 위 기업들이 임차해 있다 하여 무조건적인 성공이 보장되진 않는다. 하지만 퍽 안정적인 상가 투자가 가능해지며, 사실상 가격만 맞춰진다면 손해 볼 일은 적다. 반면 당장 여윳돈이 부족하고 상가투자에 일정 이상의 돈을 쓰고 싶지 않다면 감이 필요하다. 위치와 조망, 유동인구와 상업적 권리, 근처 상권 형성을 자세히 파악하여 공실률을 예측하고 투자를 결정해야 한다.

사실 임차가 완벽하게 맞춰진 상가를 발굴해 내기란 어렵다. 그런데 신규 분양을 잘 보다 보면, 입주가 임박한 상가에 임차까지 맞춰진 물건이 나오는 경우가 있다. 만약 당신이 상가투자 경험이 없다면, 혹은 초보자라면? 우량기업까지는 아니더라도 우수한 회사가 임대를 들어간 상가를 노리도록 하자.

코로나 19가 심화하며 부동산 중에서도 임대업, 상가의 공실률은 코로나 이전 세계와 달리 가파르게 널을 뛰고 있다. 이전에도 상가투자는 장사가 잘 되는 곳과 안 되는 곳이 극명하게 나뉘곤 했다. 선호 업종은 더욱 급격히 변할 것이며, 성공하는 입지/상가와 바람만 날릴 지역의 격차는 갈수록 커질 것이기에 상가 투자자들은 양극화를 대비해야 한다.

코로나 19는 한국뿐 아니라 전 세계의 상권을 바꿔 놓았다. 지금까지 자영업 전반에 대한 이해와 상권 분석에 힘을 쏟아 왔던 부동산 중급자들도 방심해선 안 된다. 현재의 상가 시장은 신무기들이 판치는 위험천만한 전쟁터다.

상가 고르는 팁과 꼭 피해야 할 상가

그렇다면 어떤 상가가 안정적이고, 어떤 상가가 불안한 매물일까? 우선 본인의 직장, 집과 가까우면 가까울수록 좋다. 이른바 잘 아는 지역. '내 바운더리'에 있어서, 어느 정도 예측이 가능하고 익숙한 지역이면 실패할 확률도 줄어든다. 가까운 만큼 관리도 쉽고, 문제가 생겼을 땐 적극적으로 상가에 방문해 해결방안을 모색할 수도 있다.

주변 추천이나 중개사의 언변에 휘말려 생판 모르는 지역에 들어간다면 당신은 망망대해에 내던져진 타인이다. 그러나 잘 아는 지역, 내 생활권에서 멀지 않은 지역으로 들어간다면 나름대로 홈그라운드를 만들 수 있다. 장사는 어느 정도 되고, 유동인구는 어떻고, 주요 상권과 고객의 수요는 어떤지 등등을 알고 있다면 시간 대비 효율도 좋다.

그런 다음에는 '유동인구'를 확인해야 한다. 투자할 상가를 추렸다면 그것이 잘 아는 지역이든, 모르는 지역이든 상관없이 발품을 팔 차례다. 시간대별 유동인구 확인은 중개사나 타인이 해 줄 수 없는 부분이기 때문이다. 오전은 7시부터 9시, 점심은 12시부터 2시, 오후는 6시에서 8시, 야간은 20시부터 24시 사이에, 본인이 투자하려는 지역 특성에 맞춰 카운터기(다이소에 가면 저렴한 가격으로 판매한다)를 찍어 보도록 하자.

어느 정도 오차는 있겠으나, 유동인구와 이동 차량수를 체크하면 그 자체로 데이터가 쌓이고 내가 들어갈 만한 상가일지 아닐지가 나오게 된다. 주중/주말이 다르고 도로 이쪽과 저쪽이 다르니, 시간은 좀 들겠지만, 데이터가 많으면 많을수록 유리한 건 당연지사다.

자치규약 확인과 상가건물 임대차보호법을 확인하는 것도 필수다. 상가에 따라 자치규약이 있는 곳도 존재하기 때문인데, 이 자치규약이라는 것이 투자자 입장에서는 바다 밑의 암초나 마찬가지다. 자치규약에 따라 업종 제한, 운영규약 등이 붙을 수도 있고, 이를 확인하지 않고 임대차계약을 섣불리 했다가 해지 당하는 낭패를 겪기도 한다.

한 예로, 특정 건물에는 카페나 부동산, 편의점 등의 업종을 아예 지정해 놓고 그 업종만 들어올 수 있게 하는 것이다. 물론 리스크와 장점은 함께 오는 것. 상가에 투자할 시 뜻하지 않은 장점이 될 수도 있으나, 그래도 확실하게 짚고 넘어가야 한다.

더하여, 임대차 보호법 분쟁에 휘말릴 수 있으니 상가건물 임대차보호법을 숙지해야 한다. 이는 부동산 투자자라면 당연히 알고 있겠지만, 혹시나 하는 노파심에 덧붙였다. 임대차보호법 숙지는 물론, 어떤 경우 분쟁이 발생하는지 사례까지 알아봐 둔다면 금상첨화일 것이다. 이런 부동산 관련 법규는 매년 변경되기도 하므로 연도를 주의해서 보자.

마지막으로, 꼭 피해야 될 상가 몇 가지를 추려 보았다. 혹 내가 보는 매물이 아래의 조건에 들어간다면 망설이지 말고 손을 털도록 하자.

1) 가격은 싸더라도 공실이 너무 많은 건물, 혹은 지역

2) 너무 급격한 오르막이나 내리막에 위치한 점포

3) 월세와 권리금이 주위에 비해 의심스러울 만큼 싼 경우

4) 터 자체가 안 좋은 위치

5) 너무 많이 바뀌는 임차인

6) 지나치게 높은 수익률 홍보

2-5. 휴양과 수익을 한 번에: 레지던스

▍오피스텔과 비슷하지만 다른, '휴양이 가능한' 부동산 모델

레지던스와 오피스텔을 구분하지 못하는 사람들은 의외로 많다. 얼핏 오피스텔과 비슷하게 볼 수 있으나, 레지던스는 몇 가지 독특한 특성이 있다. 가지고 있으면 본인의 휴양을 위해 사용 가능하다는 장점도 있고, 그래서 특정 시기에는 더 환금성이 높아지기도 한다.

레지던스의 정의는 호텔식 오피스텔이다. 일반적인 월세처럼 다달이 돈을 내고 사는데 청소 등 서비스를 받는 것이다. 그렇기에 수익률 자체만 따지면 오히려 오피스텔보다 더 높지만, 운영사가 운영을 제대로 하지 않으면 서비스 질 하락 → 공실 발생 → 수익 적자의 노선을 타고 만다. 하지만 이 역시 복불복인 것이, 들어간 입지만 좋으면 아무리 서비스가 별로더라도 다른 레지던스보다 높은 수익률을 보이기도 한다.

눈치 빠른 이들은 이미 짐작했겠으나, 실거주가 목적이라면 레지던스보다는 주택이 좋다. 레지던스는 객실 내 취사시설을 갖출 수 있는 건축법상 숙박시설(생활숙박)로 일반숙박시설과는 차이가 있기 때문이다. 레지던스, 즉 생활형 숙박시설은 호텔과 아파트와 오피스텔의 장점을 모은 신개념 주거공간인 만큼 장단점이 명확하다. 청약통장도 필요하지 않고, 개별등기가 가능한 데다, 다용도로 쓸 수 있을 뿐만 아니라 주택에 해당하지 않는다. 담보대출 규제대상에서도 제외되고, 종합부동산세에도 해당하지 않기에 직접 소유뿐 아니라 임대마저 된다는 장점이 있다. 반면 낮은 전용률 때문에 실거주 목적으로는 추천하지 않는다. 아파트의 경우 전용률 70~80%, 오피스텔도 위에서 언급했다시피 70% 언저리까지 올라가는 시대에, 레지던스는 45~59% 정도가 대부분이기 때문. 그런 주제에 오피스텔과 같은 4.9%의 취득세를 받는다는 것도 '레지던스 이상론'을 부르짖을 수 없게 하는 이유다.

이래서 산다! 레지던스의 10가지 장점

1) 임대 사업, 숙박업 중 선택이 가능하다.

2) 전매 제한이 없어서 전매도 자유롭다.

3) 담보대출제한이 없으므로, 투자자들이 부담에서 퍽 자유로워진다.

4) 생활숙박시설이기에 주택법이 아닌 건축법의 적용을 받으며, 따라서 1가구 2주택(다주택자 규제)이나 중과세 적용도 받지 않는다.

5) 누구나 자유로이 분양을 받을 수 있다.

6) 투자의 접근성이 좋다.

7) 기존에 있는 원룸, 오피스텔 및 도시형생활주택과 비교하면 이미지가 새로운 수익형 상품이다.

8) 국내 여행의 증가는 물론, 외국인 관광객의 수요가 많아지며 관광·레저 숙박상품으로도 보유가치가 크다.

9) 청약통장이 필요 없는 데다 보유 주택 수에도 포함되지 않아, 지금도 미래에도 부동산 규제로부터 비교적 자유롭다.

10) 입주자관리와 비용이 적게 들어가는 서비스드 레지던스 수익형 상품이다.

이것만큼은 주의하자! 레지던스의 6가지 단점

1) 레지던스는 건축법이 적용되는 부동산이다. 그래서 담보대출제한은 없지만, 주택에 관련된 대출은 받을 수 없고, 일반사업자 대출만이 가능하다. 이 경우에는 세입자가 전입신고하고 30일 이상 거주하게 되면 주택으로 취급받는데, 여기서 끝이 아니다. 주택으로 취급받아 주택 수에 포함되면 양도세나 종부세 등 주택 관련 세금이 적용되는 것은 물론, 처음 분양 때 환급받았던 부가세까지 세무서에 울며 겨자 먹기로 납부해야 한다.

2) 입지 및 지역별로 상품의 수익률이 큰 차이가 난다. 내가 서울에 사는데 내 레지던스는 제주에 있다? 당연히 관리비용이 많이 들어간다. 게다가 비수기에는 사람이 싹 없고, 성수기만 조금 장사가 된다면 투자수익률은 곤두박질친다. 상가에서 중요한 것이 공실률과

수요라면 레지던스는 안정성 확보다.

3) 관리운영 회사의 전문성에 투자 성패가 좌우되기도 한다. 따라서 프랜차이즈 또는 시리즈 레지던스를 선호하는 추세다. 게다가 코로나19의 여파로, 미래 레지던스의 환금성도 불분명한 상태다.

4) 아파트 전용률보다 낮은 전용률로 실사용 평수가 작다. 게다가 취득세가 4배 이상 비싼 4.6%가 적용되기까지 한다.

5) 숙박업의 종류에 따라 공중위생 관리법상 규제를 받을 수도 있다. 또 숙박업으로 등록했을 때, 주택임대 소득의 비과세 혜택도 멀어진다.

다음은 호텔과 오피스텔, 레지던스를 비교한 표이다. 쭉 서술한 장단점과 더불어 세 모델의 차이를 알아보고 나에게 맞는 투자전략을 세워보자.

	호텔	오피스텔 (주거형)	레지던 (숙박형)
종류 구분	일반형 숙박시설	준주택	생활형 숙박시설
주택 여부	×	O	× (단, 실거주 시 주택 간주)
청약통장	×		
지역 거주제한	×	×	O (거주자 20% 우선 분양)
숙박등록	가능	불가	가능
사업자등록	숙박업사업자	임대사업자	숙박업사업자
취득세	4.6%		
부가세	O	O	O
취사 기능	불가	가능	가능
부대서비스	제공	없음	제공
관광진흥법	적용	미적용	미적용
공중위생 관리법	규제	미규제	규제
개별등기	불가	가능	가능

2-6. 길고 안정적인 임차 기간: 오피스

오피스텔보다 순수한 사무 공간, 그래서 더욱 안정적인

오피스텔은 말 그대로 오피스와 호텔이 합쳐진 공간이다. 주거용 업무 공간인 동시에 주방과 욕실 등을 갖춘 사무실인 셈인데, 여기서 주거공간 없이 업무용 공간만 있다면 우리가 흔히 아는 '오피스'가 된다.

어차피 하이브리드형 종합주거공간이 인기니 오피스텔 쪽이 더 유리하지 않겠느냐고 생각할 수도 있다. 하지만 오피스는 오피스 나름의 장점이 있다. 우선 두 모델의 임차인들의 차이부터 짚고 넘어가자. 학생과 직장인, 또는 사회초년생이 오피스텔에 주로 임차하는 것과 달리, 오피스에는 법인회사 같은 회사가 임차하는 경우가 많다. 당연히 임차 기간도 길고 불협화음이 생길 일도 상대적으로 덜하다. 또 하나의 차이라면 오피스텔의 경우, 일반사업자와 주택임대사업자 중 택일이 가능하다는 것이다. 여기서 일반임대사업자의 경우 세금계산서를 발행하는 대신 부가세를 환급받을 수 있고, 주택임대사업자의 경우 부가세환급은 안 되지만 세금감면이 가능하다는 장점이 있다. 오피스의 경우 업무용 부동산이기에 전자, 그러니까 일반임대사업자만 가능하다는 사실을 짚고 넘어가도록 하자.

오피스텔과 오피스, 정확히 뭐가 다를까?

오피스텔의 경우, 기본 계약이 1년이다. 위에서 언급했듯이 대부분의 임차인은 젊은 학생들과 직장인, 그리고 사회초년생들로 이루어져 있다. 당연히 오피스에 비하면 계약 기간이 짧으며 그 기간 동안 세입자도 자주 바뀐다. 세입자가 년마다 바뀌는 건 상관없지만, 나간 자리에 바로바로 새 세입자가 들어오는 것이 아니니 문제다. 공실 기간이 길어지면 그 동안은 수익이 없는 데다, 실질적으로 세입자가 바뀔 때마다 도배와 장판, 부동산 중개수수료 등에 추가 비용이 지출되니 손해가 막심하다. 그뿐만 아니라 보통 내부 풀옵션(냉장고, 에어컨, 세탁기 등) 형태로 계약하기에 계속 관리에도 신경을 써 주어야 한다.

반면 오피스의 경우, 임차하는 회사들이 주로 법인회사들이라 임차 기간 역시 장기간으로 이루어진다. 굳이 내부에 냉장고 등 옵션들을 안 넣어도 되며, 인테리어 및 집기 등은 임차인 측에서 부담한다는 것도 투자자 입장에서는 반가운 소식이다.

오피스는 화장실이 외부에, 오피스텔은 내부에 위치하기에 동일 평수를 기준으로 하면 오피스텔 쪽 분양가가 높으며, 공실 기간과 내부 관리 비용과 임대료를 전부 따졌을 때는 오히려 오피스가 더 많은 수입을 발생시키기도 한다.

위의 장점들과 더불어, 오피스는 최근 1인 창조기업이나 벤처기업 등의 소형 법인이 늘어나며 반사이익을 보는 부동산상품이라 할 만하다. 더군다나 코로나 19 사태 이후 재택처럼 근무할 수 있는 사무실, 혼자서 편하게 업무가 가능한 공간이 인기를 끌며 오피스 쪽 관심도 미세하게 높아졌다.

　오피스의 분양면적은 일반적으로 전용 10평의 모듈형으로 설계되며, 20평을 원할 경우에는 2개를 동시에 분양받아 벽을 제거하여 사용한다. 화장실이나 회의실은 공용으로 사용할 수도 있는 데다 코로나 19 사태 전부터 불경기로 인한 소규모 창업, 회사 규모의 축소를 올라타고 활발하게 거래가 이루어졌다. 자차 출퇴근보다는 대중교통의 접근성이 좋은 편을 선호하며, 임차 수요에 비해 매수 수요가 적어 매매가 어려운 것은 단점이다.

2-7. 낮은 가격과 부담 없는 관리비: 빌라

빨리 늙지만, 장점도 뚜렷한 빌라 매물들

빌라는 가격이 낮고 관리비도 상대적으로 부담이 없다. 거기에 각종 기본옵션을 갖춘 경우가 많아, 투자자에게 금전적으로 큰 도움이 된다.

빌라는 흔히 다세대주택이나 연립주택으로 불리며, 1개 동 바닥 면적 합 660㎡ 이하(다세대주택)/초과(연립주택), 층수가 4개 층 이하인 주택을 뜻한다. 다중주택과 다가구주택과는 달리 개별등기가 가능하다는 것이 장점. 또한, 아파트의 정부 규제가 강화되고, 재개발사업이며 주변의 각종 호재가 터질 때마다 시세차익이 가능하다.

하지만 빌라라고 해서 완벽하게 아파트 대체상품이 가능한 것은 아니다. 빌라는 기본적으로 소규모 건축물에 속하며, 따라서 건물관리인이 없다. 그러므로 노후화가 빠르며 공용시설유지관리가 어렵다는 단점을 지닌다. 또한, 매매가격이 급격하게 변동되지 않는 특성 탓에 매매가 쉽지만은 않으며, 입지와 건축연도 등을 아파트보다도 까다롭게 확인해야 한다. 사례가 많지는 않지만, 근린생활시설 용도를 속여 분양하는 중개사들도 있기 때문.

아파트는 가라앉고 빌라는 뜨고, '빌라'의 장점은?

국내의 다양한 주거공간 중, 누가 뭐래도 가장 인기가 많은 쪽은 아파트였다. 빌라에서 살 바에는 환금성 좋은 아파트를 선택한다는 말이 불문율처럼 퍼져나가기도 했다. 그런데 지금은 시대가 달라졌다. 아파트의 가격은 천정부지로 뛰며, 규제는 규제대로 많아져 주거공간으로도 투자목적 매물로도 단점들이 우후죽순 생겨났다.

그래서 이목이 쏠렸던 곳이 바로 신축빌라 등 빌라 종류 매물들이다. 빌라는 보통 4층 규모로 지어지는데, 예전에는 한 동이나 두 동, 많아 봐야 세 동을 지었지만, 요즘은 아예 신축빌라들이 아파트처럼 단지를 형성하기도 한다. 찾는 이들은 많아졌고 팔려는 이들도 이 시장에 눈독을 들여 거래량이 늘어났다는 방증이다.

빌라의 첫 번째 장점은 관리비다. 시설물을 관리하는 데에 드는 비용 전부를 관리비로 통칭하는데, 아파트 같은 경우 일반관리비와 청소비, 경비비와 소독비, 승강기 유지비 등 다양한 항목에서 돈이 나간다. 반면 빌라는 아파트에 비하면 관리비가 워낙 저렴하여 막 이사한 사람이라면 놀랄 수도 있다.

두 번째 장점은 낮은 거래가격에 있다. 또다시 아파트와 비교해서 미안하지만, 아파트 대비 더 넓은 평수/더욱 저렴한 가격으로 계약할 수 있다. 아파트에 비해 썩 괜찮은 급매물들도 자주 나오는 편이기에 당장 가용할 수 있는 예산이 적고, '내 집'을 처음으로 사는 이들은 아파트보다 빌라 구매에서 더 큰 만족을 찾을 수도 있다.

세 번째 장점으로는 편의성을 들 수 있다. 신축빌라들은 내부 인테리어가 깔끔하고, 다양한 가구 및 전자제품들이 갖춰져 있는 경우가 많다. 이는 위에서 언급한 '가용 재산이 적은' 신혼부부 등에게 매력적인 장점인데, 각종 가구를 전부 구매해야 하는 신혼부부들에게는 금전적으로나 시간적으로나 신축빌라가 좋은 옵션이기 때문이다.

네 번째 장점은 선 시공 후 분양이라는 것이다. 아파트는 선 분양 후 시공, 즉 돈을 먼저 받고 건물을 짓는데, 아무리 유명한 브랜드라도 완공 후 하자가 생겨 문제가 된 경우가 많다. 이에 비하면 선 시공 후 분양인 빌라는 구매자가 하나하나 건물 컨디션을 체크할 수도 있으며, 체크가 안 된 부분은 하자담보책임으로 건축주의 책임을 물을 수 있다.

다섯 번째 장점은 청약 없이 빠르게 입주가 가능하다는 것이다. 네 번째에서 말했지만, 완공 후 분양을 하는 빌라 특성상 돈만 있다면 아무 때나 계약과 입주가 가능하다. 덩치가 큰 아파트 단지와 비교해 보았을 때, 구매자가 원하는 위치와 가까운 매물들이 많다는 것도 장점이라 할 수 있겠다.

좋은 것만은 아니다, 빌라의 다양한 단점들

위에서는 빌라만능론자처럼 빌라의 장점들을 얘기했지만, 빌라만의 단점도 무수히 많다. 보안 수준의 미비, 주차장의 부재, 고층 주민의 이동 시 불편함 등 어떤 단점이 있는지 알아보자.

① 구옥舊屋 빌라의 경우, 결로와 누수

신축빌라들은 잘 만들어졌지만, 과거 빌라는 건축법이 허술할 때 날림으로 지어지는 경우가 많았다. 지금도 그 구옥빌라들은 여전히 존재한다. 겉으로는 좋아 보였는데 두어 달 뒤에 도배 위로 곰팡이가 슬고 누수가 생겨 문제가 발생할 수도 있다.

② 주차 공간의 미비

빌라는 기본적으로 겹주차가 많다. 내 집 앞 공간임에도 따로 구획이 나뉘어 있지 않고, 그래서 낮이고 밤이고 입주민이 아닌데도 주차를 해 놓고 가 버리는 사람들이 많다. 당장 급해 죽겠는데 언제 싸우고 드잡이질을 할 것인가. 이러한 주차 공간의 문제는 빌라의 고질적 단점이었으나, 신축빌라들은 울타리와 리모콘식 차단기를 설치하고 평행주차를 적용하는 등 세대 100% 주차할 수 있어졌다.

빌라를 환금성 측면에서 바라보면 아파트에 비해 떨어지는 것은 사실이다. 하지만 투자가 아닌 거주의 목적으로 봤을 때, 빌라는 충분히 매력적인 주거형태이다. 거주를 위해 빌라에 들어가는 만큼, 입주 전 체크

리스트로 주변 교통과 생활편의시설 등은 꼭 확인하자. 또한, 추후 생길 수 있는 문제를 예방하기 위해 계약 전 하자보수 관련 사항들은 특히 꼼꼼하게 점검해야 한다. 시세보다 저렴하면서 마음에도 쏙 드는 매물을 발견했다면 매물이 갖고 있는 이슈사항을 정확하게 확인한 후 계약 여부를 결정하자.

투자자 입장에서 3천만 원에서 5천만 원 사이로 소액투자가 가능하다는 것은 분명 메리트 중의 메리트다. 입지조건이 좋아서 5% 수익률까지 나온다면 금상첨화일 터. 그러나 부동산 거래를 진행할 때는 항상 신중해야 한다는 것을 절대 잊지 말아야 한다.

3. 부동산 세금의 종류와 임대사업자

3-1. 부동산, 세금은 왜 낼까?

▌합법적 절세가 중요한 이유

부동산을 거래할 때 우리는 세금을 낸다. 내는 것이 당연하고, 또 그렇게 알고서 자연스럽게 내는 세금이지만 가끔은 왜 이렇게까지 떼어 가는지 억울하기도 하다. 하지만 어쩔 수 없다. 세금이 없으면 무한투기의 시대가 올 것이며, 거래 시의 안전장치나 다주택자들에게 해당하는 규제가 없더라도 마찬가지가 될 것이다.

요 몇 년 사이, 집값은 꾸준히 급등 → 소규모 하락 → 또다시 급등의 순서를 거쳐 왔다. 정부는 부동산 정책을 추가하고 수정하며 '집값 잡기'에 나서는데, 주요 골자는 취득세, 양도소득세, 보유세 같은 세금 강화다. 여기서 중요한 점은 모르면 손해를 본다는 것이다. 세법이 하도 많이 바뀌니 세무사들마저 바뀐 규정들 전부를 모르지만, 그렇다고 모른 채로 집이라도 잘못 팔았다간 큰 손해가 밀어닥친다.

가계 순 자산의 75% 이상이 부동산이라는 우리나라 국민들, 그러나 부동산은 잘 알아도 세금은 모르는 사람들이 대부분이다. 자, 당신이 부동산 공부를 십 년쯤 해서 정말 좋은 분양을 받았다고 해 보자. 그런데 매매를 할 때 바뀐 세금 규정을 모르고 팔면 겨우겨우 이득을 본 시세 차익을 전부 날려버릴 수도 있다. 1세대 1주택자, 임대사업자 등록자 역시 세제 혜택 여부만 믿고 안심해서는 안 된다.

적을 알고 나를 알면 백전백승이라는 말이 있다. 아이러니한 말이나, 부동산은 부동산만 잘 알아서는 승리할 수 없다. 부동산이라는 큰 전쟁에서 이기기 위해서는 다양한 전장의 전투에서 모두 승리하여야 한다. 세금에 대해 잘 알고, 가능한 절세를 모두 챙겨 가는 것은 전쟁의 마지막을 승리로 장식하기 위한 필수 코스다. 그러니 내가 가진 부동산에 대해 보유 기간이나 거주 기간은 몇 년인지, 개정된 세법이 적용되는지 이전 세법이 적용되는지, 또 조정대상 지역에 해당하는지 등을 미리 파악하여 절세 대책을 준비해 두어야 한다.

부동산 세금은 크게 취득과 보유, 처분의 단계로 나눠서 구분할 수 있다. 이 단계에 어떤 세금이 존재하며 얼마나 부과되는지, 또 왜 내게 되어 있는지 알아보도록 하자.

2020.7.10. 주택시장 안정 보완대책이 나오며 부동산은 또다시 큰 격변에 휘말리게 되었다. 읽는 이들의 편의를 위해 '세금' 장에서는 기존 정책을 먼저 서술하고, 주택시장 안정 보완대책으로 바뀌게 되는 부분들

을 다시 한 번 서술하였다. 임대사업자는 물론 종부세, 취득세, 양도소
득세 등 다양한 세율이 크게 조정되니, 꼭 참고하여 규제 돌풍에서 살아
남기를 바란다.

3-2. 취득단계: 취득세

내 돈 주고 샀지만, 돈을 또 내야 한다고?

물건을 사면 부가세가 붙는다. 우리가 사는 물건들도 알게 모르게 붙어 나오는 부가세가 합쳐져 시판 가격이 형성된 것. 종류는 조금 다르지만, 집을 사면 취득세를 내야 한다. 이 가옥을 구매했으니 취득한 세금을 내야 한다는 소리다.

내 돈을 주고 내가 샀는데 억울하다 느낄 수도 있지만, 법이 그런 것을 어쩌겠나. 아무튼, 취득세는 잔금을 치른 뒤 60일 이내에 납부해야 한다. 만약 이 시한을 넘기면 신고불성실가산세와 납부불성실가산세의 연타에 피눈물을 흘리게 된다. 이것만 봐도 부동산은 일반 자영업과 리스크의 종류가 살짝 다르다. 또한, 실거래가 신고는 계약체결일로부터 30일(2020년 2월 21일 이후 계약부터 적용) 이내에 해야 한다.

부동산의 운명, 세금의 운명

부동산을 사는 순간, 보유하는 동안, 매도할 때까지 우리는 온갖 세금을 내야 하는 운명에 처한다. 앞서 이야기했듯이 부동산 세금은 취득,

보유, 처분의 세 단계로 나뉜다. 그중 가장 초기에 내야 하는 것이 취득세다.

위에서 '세금의 운명'이라고 말했듯이, 부동산을 취득하면 원인별로 취득세율이 달라진다. 상속을 제외한 무상취득의 경우 표준세율 3.5%(비영리 사업자인 경우 2.8%), 원시취득(건축)의 경우 2.8%, 그 외의 원인으로 취득하는 경우는 구간마다 세율이 달라진다. 또한, 전용면적 85㎡ 초과 여부에 따라 농어촌특별세 부과 여부가 결정된다.

그렇다면 세율이 달라지는 원인에 가격도 들어갈까?

주택을 구매할 때, 6억 원 이하는 1%의 세율이 적용된다. 6억 원 초과에서 9억 원 이하는 1~3%의 세율이 적용되고, 9억 원을 초과하면 3% 세율이 적용된다. 비싼 집을 사면 살수록 내야 하는 돈도 많아진다는 소리다.

최근 지방세 관련법 개정에 따른 주택 취득세 부담이 변화했는데, 취득세 6억 원부터 9억 원 구간의 세분화가 그것이다. 2020년 1월 1일부터 6억 원 초과 – 9억 원 이하인 구간에 대한 취득세율이 100만 원 단위로 세분되기 때문이다.

해당 구간에서 100만 원의 금액이 늘어날 때 세율이 1.0066% 포인트씩 함께 늘어나지만, 현행 대비 주택가격에 따라 변동이 있거나 없는 경우도 있다. 이 책에서 세율을 외웠더라도 정확한 본인의 상황은 확인해 봐야 한다는 것이다. 또한, 2020년 취득분부터는 1가구 3주택 이상인 경우, 추가 취득 주택마다 4%씩의 취득세를 내야 한다. 4주택부터는 일괄적으로 4%씩 취득세가 붙는다고 보면 된다.

주택임대사업자와 취득세

또 하나, 짚고 넘어가야 할 것은 주택임대사업자 관련 취득세다. 사실 취득세 자체가 어려운 개념은 아니다. 일정 조건, 일정 금액, 일정 상황에 맞게 부동산을 취득할 때마다 취득세를 내면 되는 일이기 때문이다. 한데 다주택자의 경우 이야기가 조금 다르다. 주택임대사업자를 십분 활용하지 않으면 자칫하다간 투기꾼 세력으로 몰릴 수도 있다.

주택임대사업자를 내면 취득세를 면제받거나 감면받을 수 있다. 60㎡를 기준으로, 60㎡ 이상이면 50% 감면이며 60㎡ 이하라면 조건에 따라 100%~85% 면제가 된다. 취득세가 200만 원을 초과할 경우에는 취득세의 15%를 납부해야 한다.

쉬운 예를 들어보자. 2억의 주택을 매입한다고 했을 때, 취득세는 1.1%다. 내야 하는 돈은 220만 원이기에 220만 원의 15%를 납부해야 하는 것이다.

만약 당신이 주택임대사업자를 내서, 60㎡ 이하의 부동산 취득세를 100% 감면받고 싶다면 세 가지 조건을 만족해야 한다. 첫째로는 매매를 받으면 안 되고, 가장 처음에 취득한 매물에만 적용된다. 둘째로는 2채 이상이 아닌 1채를 신규로 받아야 한다. 셋째로는 신규로 받은 1채의 부동산가격이 2억이 넘어서는 안 된다. 위에서 들었던 예처럼, 2억 원짜리 부동산이라면 6억 미만/85㎡ 이하의 취득세율인 1.1%로 계산되기에 220만 원이 나오며, 200만 원을 넘어가므로 100% 감면 조건에 부합하지 않게 되는 것이다.

이론적으로는 100% 감면이 가능하나, 사실상 2억 이하의 주택을 1채만 신규로 받을 기회는 없다고 봐도 된다. 따라서 60㎡ 이하의 주거상품을 주택임대사업자를 내서 가져갈 경우, 1.1% 취득세 중 15%는 납부한다고 생각하는 것이 편하다. 위의 법안은 2020년 취득세율에 포함되며 21년 말까지 유효하다.

아래는 현행 취득세와 개정안을 나란히 정리해보았다. 7.10 부동산 대책 이후로 달라진 취득세를 확인하여 내 경우가 어떤지 계산해 보도록 하자.

▶ 7.10. 부동산 대책 이후 달라진 취득세 (출처: 국토교통부)

현 행			개 정 안			
개인	1주택	주택 가액에 따라 1~3%	개인	1주택	주택 가액에 따라 1~3%	
					조정	非조정
	2주택			2주택	8%	1~3%
	3주택			3주택	12%	8%
	4주택 이상	4%		4주택 이상	12%	12%
법인		주택 가액에 따라 1~3%	법인		12%	

* 단, 일시적 2주택은 1주택 세율 적용(1~3%), 조정: 조정대상지역, 非조정: 그 外 지역

기존, 4주택자가 되기 위해선 취득세 4%를 감당해야만 했다. 그런데 개정안에 따르면 4주택자는커녕 2주택자부터 4%의 두 배, 8%를 감수해야 한다. 물론 규제지역의 경우지만 비규제지역 역시 3주택이 되려면 8%의 취득세가 붙는다.

간단히 정리해, 조정지역은 1주택자 취득세 1~3%, 2주택자 8%, 3주택 이상 12%라고 보면 된다.

비조정지역은 1주택자 취득세 1~3%, 2주택자 1~3%, 3주택자 8%, 4주택자 12%다.

2020.7.10. 주택시장 안정 보완대책 이후 취득세

정부에서는 주택 구입 부담 경감을 위해, 생애 최초 주택에 대해서는 취득세를 감면해 준다. 현재 신혼부부에 대해서만 허용하는 생애 최초 주택 구매 시 취득세 감면 혜택을 연령과 혼인 여부와 관계없이 확대 적용하는데, 1억5천만 원 이하는 100% 감면이다. 또 1억5천만 원 초과부터 3억 원(수도권은 4억 원) 이하는 50%를 감면해 주며, 감면대상 주택 가액은 세수감소 규모 추계 이후 조정이 가능하다.

문제는 다주택자 및 단기 거래에 대한 부동산 세제가 대폭 강화됐다는 것이다.

취득세의 경우, 1주택까지는 주택 가액에 따라 1~3%가 그대로 유지되지만 2주택부터는 8%, 3주택 이상부터는 12%로 솟구친다. 기존에는 3주택까지 1~3%였고 4주택 이상이 4%였음을 감안한다면 사실상 거래를 하지 말라는 뜻과 다름없는 것.

취득세 폭격을 맞은 것은 개인뿐만이 아니다. 법인 역시 주택 가액에 따라 1~3%였으나, 개정 후에는 1개만 보유하더라도 무조건 12%로 고정된다. 개인에서 법인으로 전환하려던 이들도 이 소식을 주목해야 한다. 부동산 매매 및 임대업 법인은 현물출자에 따른 취득세 감면 혜택(기존 75%)도 배제되기 때문이다. 개인에서 법인으로 전환을 통한 세 부담 회피를 방지하기 위해서라지만 몇몇 이들에겐 치명적일 소식이다.

3-3. 보유단계: 재산세, 종합부동산세

종합부동산세를 줄여야 '돈'이 보인다

취득세를 내고 부동산을 취득한 후에는 이른바 보유 단계로 접어든다. 재산세는 보유, 즉 소유재산에 부과되는 세금으로, 매년 6월 1일을 기준으로 부과된다. 주택의 경우에는 산출세액의 50%를 부과하고 나머지 50%는 9월에 부과된다. 종합부동산세(부동산)의 납부의무자 역시 매년 6월 1일 현재 과세 대상 부동산의 소유자이며, 이 '종부세 줄이기'가 부동산 투자자들에게는 꼭 알아야 하는 키포인트다.

부동산 보유세(재산세, 종합부동산세) 과세기준일은?

위에서 언급했듯, 재산세와 종합부동산세는 매년 6월 1일을 기준으로 현재 소유자에게 1년 치의 세금을 과세한다. 다시 말해 6월 1일 기준, 부동산을 누가 소유하고 있느냐에 따라 세금을 내는 사람이 바뀌는 것이다.

눈치 빠른 사람이라면 바로 알아차렸을 얘기다. 만약 매매 계약을 체결할 때, 잔금일이나 등기 접수일 중 빠른 날을 기준으로 하여 6월 1일 이전이라면 매수자가 세금을 부담하고 이후라면 매도자가 부담하게 된다. 서로가 합의 후 이뤄진 거래라면 무방하나 어느 한쪽이 몰랐을 경우, 그야말로 '눈 뜨고 코 베이는' 상황을 맞으니 유의해야 한다.

종합부동산세

종합부동산세란 일정한 가격 이상의 토지와 주택 소유자에게 별도의 누진세율을 적용하는 국세로, 주택공시가격 합계액이 6억 원(1세대 1주택자는 9억 원)을 넘을 때 과세된다. 납부 기간은 매년 12월 1일부터 12월 15일까지이며, 국세청에서 세액을 계산하여 고지서를 발급받는 형식이다. 물론 신고납부도 가능하고, 세액의 납부는 일시납이 원칙이지만 분할로 납부하는 것도 가능하다. 분할납부 시 납부할 세액이 250만 원을 초과하는 경우에는 납부할 세액 일부를 납부기한이 경과한 뒤 6개월 이내에 납부할 수 있다.

종합부동산세 계산과 2020년 바뀌는 점은?

종합부동산세는 (주택공시가격 합계액-6억 원) × 공정시장가액 비율(90%) × 세율 - 세액공제로 이루어진다. 주목할 점은 이 공정시장가액 비율이 해마다 5%씩 올라가고 있다는 점이다. 아래의 표를 보면 2018년부터 2022년까지의 비율을 알 수 있다.

2018년	2019년	2020년	2021년	2022년
80%	85%	90%	95%	100%

2020년, 공정시장가액 비율은 90%에 해당한다. 10억 원짜리 주택으로 예를 들어보자. 2019년에는 8억5000만 원에 대한 세금을 따졌다면 올해는 9억 원에 대한 세금을 부과한다고 생각하면 된다. 이외 종합부동산세의 세율은 다음 표를 참고하자.

▶ 종합부동산세 세율 (2020년 기준)

2주택 이하		3주택 이상 또는 조정대상지역 2주택	
과세표준	세율	과세표준	세율
3억원 이하	0.5%	3억원 이하	0.6%
6억원 이하	0.7%	6억원 이하	0.9%
12억원 이하	1%	12억원 이하	1.3%
50억원 이하	1.4%	50억원 이하	1.8%
94억원 이하	2%	94억원 이하	2.5%
94억원 초과	2.7%	94억원 초과	3.2%

2020년을 맞아 종합부동산세 핵심 개정사항 3가지는 다음과 같이 예정되어 있었다.

1) 일반지역: 0.6~3%로 세율 인상

2) 청약조정대상지역: 0.8~4%로 세율 인상

3) 조정지역 2주택자 세 부담: 상한성 200% → 300%로 인상

2020.7.10. 주택시장 안정 보완대책 이후 종합부동산세

그리고 7월 10일, 정부의 22번째 부동산 대책이자 7.10. 보완대책이라고 불리는 새로운 개정안이 발표되었다. 살펴보니 역시 골자는 부동산세제 강화였다. 취득세, 재산세 등의 상향 속에서 종부세 또한 개정의칼날을 피하지는 못했다. 19년 주택부문 종부세 납세자는 51.1만 명이라고 한다. 이는 전체인구 대비 1.0%에 해당하며, 종부세 중과세율 적용대상은 0.4%에 달한다.

다주택자 대상 종부세 중과세율은 대폭 상승했다. 비록 3주택 이상및 조정대상지역 내 2주택 보유자들 한정이긴 하나, 예상했던 범위보다높았다.

개인의 경우, '3주택 이상 및 조정대상지역 2주택'에 대해 과세표준 구간별로 1.2%~6.0%의 세율이 적용된다. 12.16.대책 시에 0.8%던 중과세율이 1.2%로 오르고, 1.2%던 중과세율이 1.6%로 오르는 식이다. 자세한 세율 인상안은 첨부한 표를 참조하자.

▶ 종합부동산세 세율 인상(안)

시가 (다주택자 기준)	과표	2주택 이하 (조정대상지역 2주택 제외, %)		3주택 이상 + 조정대상지역 2주택 (%)		
		현행	12.16	현행	12.16	개정
8~12.2억	3억 이하	0.5	0.6	0.6	0.8	1.2
12.2억~15.4억	3~6억	0.7	0.8	0.9	1.2	1.6
15.4억~23.3억	6~12억	1.0	1.2	1.3	1.6	2.2
23.3억~69억	12~50억	1.4	1.6	1.8	2.0	3.6
69억~123.5억	50~94억	2.0	2.2	2.5	3.0	5.0
123.5억 초과	94억 초과	2.7	3.0	3.2	4.0	6.0

* 공시가격 현실화율 75~85%, 공정시장가액 비율 95%를 적용했을 경우

　법인은 더욱 상황이 어렵다. 다주택 보유 법인에 대해서는 중과 최고 세율인 6%가 적용되기 때문이다. 6.17.자로 발표된 '주택시장 안정을 위한 관리방안'에는 주택 보유 법인의 경우, 개인 최고세율을 단일세율로 적용한다고 적혀 있다. 다만 법인의 주택분 종합부동산 세액에 대해서는 기본공제 6억 원과 세 부담 상한을 적용하지 않는다.

재산세

　재산세란 토지나 주택, 건물 등을 소유한 사람에게 지방자치 단체가 부과하는 지방세다. 재산세는 한 번, 또는 두 번에 걸쳐 납부하는 방법

이 있는데, 주택과 건축물/항공/선박과 토지가 각기 다르다.

주택의 경우, 1기분은 매년 7월 16일부터 7월 31일. 2기분은 매년 9월 16일부터 9월 30일까지가 납부 가능하다. 단 주택의 세액이 20만 원 이하일 경우에는 1기에 일시납부해야 한다.

건축물과 항공선박은 매년 7월 16일부터 7월 31일 한 번 납부가 가능하고, 토지의 경우에는 매년 9월 16일부터 9월 30일까지 한 번 납부가 가능하다.

위에서 언급했듯, 1년의 반기인 6월 1일은 재산세의 과세기준일이다. 5~6월에 아파트 등 부동산을 처분할 때 잔금일을 5월에 맞추려는 이들이 많은 이유기도 하다. 이때 공유재산인 경우엔 그 지분에 해당하는 부분에 대해 과세하며, 주택의 건물과 토지의 소유자가 각기 다를 경우에는 그 주택의 산출세액을 건물과 토지의 시가표준액 비율로 안본하여 계산한 부분에 대하여 과세하게 된다.

재산세의 과세 대상은?

이 경우, 과세 대상에는 토지와 건축물과 주택이 해당한다. 토지의 경우에 부속토지는 제외하며, 건축물의 경우 건축물과 시설물만 해당하고 주택용 건물은 제외한다. 다시 말해 우리가 '일반적으로' 생각하는 토지와 건물로 이루어진 주택이라 할 수 있겠다.

토지는 분리과세대상인 개별과세와 합산 과세 대상인 합산 과세로 분류되며, 나머지 건축물과 주택은 개별과세대상으로 나뉜다.

과세기준일이 6월 1일이라면, 납부 기간은?

종합부동산세처럼, 재산세의 납부 기간은 과세대상별로 다르다. 부속토지를 제외한 토지라면 매년 9월 16일부터 9월 30일까지. 주택용 건물을 제외한 건축물은 매년 7월 16일부터 7월 31일까지다. 또 주택(주택+부수토지)은 두 번에 나누어 납부하게 되는데, 2분의 1은 매년 7월 16일부터 7월 31일 사이에, 나머지 2분의 1은 9월 16일부터 9월 30일 사이에 납부해야 한다. 이때 부과할 세액이 20만 원 이하라면 조례에 따라 7월 16일부터 7월 31일까지 한꺼번에 부과하는 것도 가능하다.

징수

마지막으로 징수방법을 알아보자. 징수방법은 두 가지로 나뉘는데, 첫 번째는 관할 지방자치단체의 장이 세액을 산정하여 부과/징수하는 보통징수 방법이다. 그리고 두 번째는 납부세액이 1천만 원을 초과할 시 가능한 물납과 250만 원을 초과할 시 가능한 분할납부가 있다. 만약 납부세액이 2천 원 미만이라면 아예 징수가 면제된다.

다음은 재산세의 과세표준과 세율이다.

– 과세표준

토지, 건축물, 주택: 시가표준액 × 공정시장가액 비율

토지: 공시지가 × 면적 × 70%

주택(부속토지포함): 주택공시지가 × 60%

선박, 항공기: 시가표준액 기준

– 세율

토지: 0.2~0.5%(종합합산, 별도합산, 분리과세 대상에 따른 3단계 누진세율)

건축물: 0.25%(골프장, 고급오락장: 4%)

주택: 0.1-4%(4단계 누진세율)

별장: 4%

▶ 주택의 누진세율

6천만 원 이하	0.1%
6천만 원 초과 3억 이하	0.15%(3만 원 누진 공제)
1.5억 초과 3억 이하	0.25%(16만 원 누진 공제)
3억 초과	0.4%(63만 원 누진 공제)

이처럼 재산세 과세표준은 공정시장가액 비율을 공시가격에 곱해 구하는데, 주택은 공시가격에 60%를 곱하고 토지와 건축물은 70%를 곱

한다. 이렇게 산정된 과세표준에 자산별 재산세 세율을 곱하면 재산세를 구할 수 있다.

만약 공동주택공시가격이 5억인 아파트라면 어떻게 될까?
예를 들어 재산세를 계산해 보았다.

5억 원×60%(공정시장가액 비율) × 0.25%(세율) − 18만 원(누진 공제) = 57만 원

다만, 저 57만 원만이 나오는 것은 아니다. 실제 재산세 고지서에는 재산세 외에 지방교육세, 재산세 도시지역분, 지역자원시설세 등이 추가되기 때문이다. 결국, 최종으로 나오는 재산세는 첫 산정금액의 2~3배 정도 된다고 보면 된다.

재산세 감면을 위한 최종 팁

재산세는 부동산 세금 중 가장 부담이 적은 세금에 속한다. 단, 다주택자의 경우 재산세로 골머리를 앓을 수도 있다. 이 경우, 지자체에 임대주택으로 등록하자. 면적에 따라 다르지만, 최대 100%까지도 재산세 감면이 가능하다.

재산세 안에는 세부담상제라는 법이 있는데, 그래서 전년에 비해 N % 이상 오르는 것이 불가능하다. 공시가격 3억 원 이하는 5%, 3억 원 초과~6억 원 이하는 10%, 6억 원 초과는 30% 이상 오를 수 없는 식이다. 그러므로 재산세가 전년도보다 너무 많이 나왔다 싶으면 시, 군, 구청 재산세과에 연락하여 도움을 청하는 것도 좋다. 참고로 공시가격은 국토부 홈페이지에서 열람할 수 있다.

2020.7.10. 주택시장 안정 보완대책 이후 재산세

재산세 또한 7.10 대책을 피해가지 못했다. 종부세법 개정과 지방세법이 개정되며, 다주택자의 보유세가 인상된다.

부동산 신탁 시에 종부세, 재산세 등의 보유세를 기존에는 수탁자(신탁사)가 납세했다면 이제는 원소유자(위탁자)가 납세해야 한다. 이는 다주택자들이 주택을 신탁할 때 수탁자가 납세의무자가 되어 종부세 부담이 완화되는 '꼼수'를 막으려는 움직임이다.

재산세의 경우, 보이는 세율을 확 올리는 대신 정책의 허점을 보완했다고 볼 수 있겠다. 7.10 대책 이후 추가로 변경될 규정 중에서는 세법 개정과 다주택자 보유세를 눈여겨보도록 하자.

3-4. 처분단계: 양도세, 증여세

누군가에게 양도하면 양도세, 혈연에게 증여하면 증여세

우리는 하나의 부동산은 평생 가지고 있지만은 않다. 평범한 집에서 좋은 집, 좋은 집에서 더 좋은 집, 더 좋은 집에서 꿈의 집, 이렇게 단계를 밟아 올라가는 것이 '내 집 마련'을 꿈꾸는 사람 모두의 바람일 것이기 때문이다.

그러므로 다음 분양을 위하여, 또는 다른 부동산을 매수하려 '갈아타기'를 하려면 보유하고 있는 부동산을 처분해야 한다. 이 과정에서 발생하는 것이 바로 양도세다.

반면 증여세의 경우는 개념이 조금 다르다. 남에게 처분할 때 발생하는 양도세와 다르게, 증여세는 내가 소유한 부동산을 혈연 중 누군가에게 증여할 때 발생한다. 이는 일가 사이에서 벌어지는 부의 대물림을 어느 정도 완화해 보겠다는 국가의 의도이기도 하다. 아무튼, 이 두 가지, 양도세와 증여세를 얼마나 줄이느냐에 따라 내 주머니 사정도 달라진다. 어차피 내야 할 세금, 최대한 줄여 보자면 어느 정도나 줄일 수 있을까?

합법적 절세의 첫걸음, 양도세

양도소득세는 부동산 관련 세목 중 가장 중요하다고 해도 과언이 아니다. 양도소득세, 줄여서 양도세란 개인이 사업성 없이 토지·건물 등을 유상으로 양도함으로 인하여 발생하는 소득을 양도자별로 합산하여, 만약 거주자인 경우 주소지 관할 세무서에 신고한 뒤 납부하게 되는 국세를 말한다.

여기서 양도의 의미는 유상이전과 같다. 유상이전이 양도라면 무상이전은 양도에 해당하지 않는데, 각종 양도세 절감을 위한 방법들도 이 대목을 기준으로 한다. 양도소득세의 과세 대상만 해도 부동산 및 부동산에 관한 권리, 파생상품, 유가증권 등 다양하니 내가 어디에 들어가는지를 꼭 미리 체크해 두도록 하자.

또 하나, 헷갈릴 수도 있지만, 양도세는 '거래세'가 아닌 '소득세'로 잡힌다. 거래세는 취득세에 속하며, 부동산을 팔아 이익이 난 부분에서만 소득세가 발생한다고 보면 된다. 즉 2억에 사서 3억에 팔면 판매자는 구매자에게 부가세를 받고, 그 부가세를 판매한 사람이 대신 낸다. 3억-2억=1억의 시세차액만큼 세금을 내는 개념이다.

양도세의 핵심, 일시적 1가구 2주택 양도세 면제 조건을 쉽게 이해하려면 어떻게 해야 할까?

요즘 바뀐 정책을 알려면 1, 2, 3 법칙을 확실하게 기억해야 한다.

1, 2, 3 법칙이란

① 첫 번째 주택을 사고 1년이 지난 이후 두 번째 주택을 취득할 것

  (단 1년 이내 주택 2채를 취득할 경우, 먼저 파는 주택은 비과세 불가)

② 양도 시점에 첫 번째 주택을 2년 이상 보유했을 것

  (취득 시 조정대상지역 소재 주택의 경우는 2년 이상 거주해야 함)

③ 두 번째 주택을 취득한 날로부터 3년 이내에 첫 번째 주택을 팔 것

  (만약 두 주택 모두 조정대상지역에 있는 경우라면, 18년 9·13대책으로 2년 이내, 19년 12·16대책으로 1년 이내로 단축됨)

여기서 첫 번째 집(기존의 집)을 꼭 팔아야 하는 시점의 기준은 기존 집과 새집의 위치, 또한 새집을 구매한 시기에 따라 달라진다.

만약 기존의 집과 새집 모두 조정지역 내에 위치해 있고, 새집을 18.9.14.~19.12.16. 사이에 취득했다면 기존의 집은 3년이 아닌 2년 이내에 팔아야 한다. 반면 새집을 19.12.17. 이후에 취득했다면 기존의 집은 1년 내로 정리해야 한다. 그 후 새로운 집에 전입까지 해야만 일시적 1가구 2주택 비과세 혜택을 노려볼 수 있다.

여기서 짚고 넘어가야 할 부분이 있다. 바로 새집을 취득했다는 뜻이다. 등기 이전일이 기준이 아니라, 부동산 취득 및 거래를 위한 서류작성

일 또는 잔금일 중 더 빠른 날이 취득의 날짜가 된다. (*소득세법 제98조(양도 또는 취득의 시기) 자산의 양도차익을 계산할 때 그 취득 시기 및 양도 시기는 대금을 청산한 날이 분명하지 아니한 경우 등 대통령령으로 정하는 경우를 제외하고는 해당 자산의 대금을 청산한 날로 한다. 이 경우 자산의 대금에는 해당 자산의 양도에 대한 양도소득세 및 양도소득세의 부가세액을 양수자가 부담하기로 약정한 경우에는 해당 양도소득세 및 양도소득세의 부가세액은 제외한다.

만약 기존의 집을 판매한 다음, 새집에 세입자가 살고 있어서 들어갈 수 없다면 어떻게 될까?

이 경우에는 유동성이 발휘된다. 세입자가 집을 비워 줄 때까지, 최대 2년 기한으로 그 기간을 인정해 주는 것이다. 만약 기존의 집을 당장 팔기 어려운 데다 위치까지 조정지역 안이라면 세입자가 있는 집을 새롭게 구하는 것이 방법이 될 수도 있다.

집값이 9억 원 이하고, 1세대가 한 채의 집을 가진 경우는 어떨까?

우선 양도와 관련된 세금은 없다. 대신 9억 원을 초과할 시, 보유 기간에 따라 차등 공제를 한다. 2020년까지는 기본 2년간 거주했다면 보유 기간에 따라 최대 80%까지 공제해 주었으나, 2021년부터는 거주 기간에 따라 최대 40%, 보유 기간에 따라 또 최대 40%로 나누어 산정하게 된다.

또 하나 주의해야 할 것은 보유 기간의 산정이다. 2020년에는 보유한 집 수와 상관없이 개개별로 보유 기간이 산정되었으나, 2021년부터는 집을 모두 처분한 뒤 1채만 남았을 때부터 보유 기간을 세기 시작하기 때문이다. 예를 들어, 두 채의 집을 10년간 보유하고 있다가 21년 6월에 한 채를 팔았다고 치자. 그렇다면 나머지 한 채의 보유 기간은 1년으로 새로 산정되고 양도소득세에 반영된다.

당신의 집이 2채 이상이거나 그중 9억 원 이상의 집이 있다면 취득세가 저렴한 비조정지역에 집을 한 채 마련해, 일시적 1가구 2주택 비과세 혜택을 받는 방법도 고려해 볼 만 하다.

양도소득세는 언제부터 언제까지, 어떻게 신고할까?

비과세니 양도차익이니 생소한 용어 때문에 헷갈릴 수도 있겠지만, 요점은 간단하다. 일시적 1가구 2주택자의 경우, 특정 조건을 만족할 때 양도세가 면제된다. 1가구 1주택 비과세 요건을 갖췄다면 고가주택 및 조합원입주권에서도 절세할 수 있다. 또한, 양도소득세의 세율을 적용할 때, 보유 기간은 해당 자산의 취득일부터 양도일까지다.

부동산 등을 양도할 경우, 양도일이 속한 달의 말일부터 2개월 이내에만 납세지 관할 세무서장에게 예정신고서를 제출하자. 2020년 7월 1일에 모 부동산을 팔고 차익이 생겨 잔금을 수령했으면, 그 부동산의 양도소득세 신고기한은 2020년 9월 30일까지인 식이다.

마지막으로는 양도소득세 확정신고기한이다. 해당 과세기간의 양도소득 금액이 있는 거주자는 그 양도소득 과세표준을 과세기간 다음 연도 5월 1일부터 5월 31일까지 납세지 관할 세무서장에게 신고하면 된다.

7.10. 부동산 대책이 실행되고 세법개정안이 처리되면서, 취득세는 물론 부동산세, 양도소득세 등등 모든 세율이 변했다. 국세청의 양도소득세 사이트에 들어가도 제대로 나와 있지 않은 세율을, 현재 업데이트된 곳까지 정리해보았다. 아래의 정보들은 21년 6월 21일부터 적용될 예정이다.

21년 1월 1일부터, 양도소득세의 기본 세율이 오른다. 기존 42%던 최고세율은 45%로 바뀐다.

18년 이후			21년 이후		
과표	세율	누진공제	과표	세율	누진공제
1,200만원 이하	6%	-	1,200만원 이하	6%	-
4,600만원 이하	15%	108만원	4,600만원 이하	15%	108만원
8,800만원 이하	24%	522만원	8,800만원 이하	24%	522만원
1.5억원 이하	35%	1,490만원	1.5억원 이하	35%	1,490만원
3억원 이하	38%	1,940만원	3억원 이하	38%	1,940만원
5억원 이하	40%	2,540만원	5억원 이하	40%	2,540만원
5억원 초과	42%	3,540만원	10억원 이하	42%	3,540만원
			10억원 이상	45%	6,540만원

현재에서 미래, 즉 21년 6월 1일에는 중과세율을 포함한 양도소득세율이 어떻게 바뀔까? 표와 해설을 함께 알아보도록 하자

주택, 입주권			
현행		개정안(2021.6.1.부터)	
1년미만	40%	1년미만	70%
2년미만	기본세율	2년미만	60%
		2년이상	기본세율

* 주택 외 부동산: 현행은 1년 미만 50%, 2년 미만 40%, 2년 이상 기본 세율이었음.

분양권				
조정지역		조정지역	2021.6.1부터 모든지역	
1년미만	50%	기간불문 50%	1년미만	70%
2년미만	40%		1년이상	60%
2년이상	기본세율			

다주택자			
비조정지역		조정지역	조정대상지역(2021.6.1부터)
1세대 2주택	기본세율	기본세율+10%	기본세율+20%
1세대 3주택	기본세율	기본세율+10%	기본세율+30%

상기 표를 보면, 1주택자라 해도 단기 거래를 최대한 저지하겠다는 의도가 엿보인다. 기존 1주택자의 1년 미만일 경우 50%던 세율이 70%로 올랐다. 2년 미만은 40%에서 60%로 올랐고, 2년 이상은 기본 세율이 매겨진다.

또한, 조정대상지역 다주택자에 대한 중과세율도 10%씩 인상되었다. 현행은 기본 세율+10%(2주택 이상) 또는 20%(3주택 이상)였다면, 개정안은 기본 세율+20%(2주택 이상) 또는 30%(3주택 이상)의 중과세율이 붙는다.

1주택자가 비과세 혜택을 받을 수 있는 조건은 다음과 같다

주택을 2년 이상 보유하고, 양도가액도 9억 원 이하면 비과세다. 단 17년 8월 2일 이후 취득한 주택이 규제지역이었다면 실거주를 2년까지 충족해야 한다.

즉 1세대가 보유하고 있는 1주택을 비과세하기 위해서는 해당 주택의 보유 기간이 2년 이상, 만약 취득할 당시 조정대상지역이었던 경우 거주 기간도 2년 이상이어야 하는 것이다.

소득세법 시행령에 따르면, 다주택자의 경우에는 다른 주택들을 모두 양도하고 최종적으로 1주택만 보유하게 된 날부터 보유 기간이 계산된다고 보면 된다.

다음은 규제지역 내의 다주택자들이 원성을 터뜨릴 소식이다. 중과세율을 더 올린 것인데, 자세한 수치는 아래에서 함께 살펴보도록 하자.

우선 투기, 조정대상지역 1가구 2주택자다

예전은 6~42%의 기본 세율에 10% 중과였다면, 앞으로는 6~45%의 기본 세율에 20% 중과다.

일반지역의 2주택자는 1주택자와 동일하다.

다음은 투기, 조정대상지역 1가구 3주택자다

이쪽 역시 6~42%의 기본 세율에 20% 중과였는데, 6~45%의 기본 세율에 30% 중과되었다.

일반지역의 3주택자는 1주택자와 동일하다.

이제는 분양권 양도세에도 중과세율이 적용된다

보유 기간을 불문하고, 본래 분양권은 기본 세율에 더해 규제지역일 때 50%가 적용되었다. 하지만 2021년부터는 지역을 불문하고 모든 분양권에 1년 미만은 70%, 1년 이상은 60%의 중과세율이 적용된다.

마지막으로 분양권이 주택 수에 포함된다. 2021년 1월 1일에 취득한 분양권부터 적용되며, 일시적 2주택 비과세를 제외하고는 분양권이 있는

1주택자들은 비과세가 미적용된다. 물론 1월 1일 전에 취득한 분양권은 해당 사항이 없으므로 걱정할 필요 없다.

장기특별공제

장기보유 특별공제도 달라졌다. 기존 법령에 거주 기간 요건이 추가된 것인데, 1가구 1주택 고가주택(양도가액 9억 원 초과 주택) 장기보유 특별공제에 위의 요건이 추가되며 양도소득세의 부담이 달라진다.

2021년부터는 1가구 1주택자라 해도 보유 기간, 거주한 기간에 따라 양도세 공제율이 변화하게 된 것이다. 2020년 1월 1일 기점, 이후 양도분은 2년 이상 거주했던 경우 최대 80%까지 공제율이 적용되었다. 그러나 2021년 1월 1일 이후 양도분부터는 연 8% 공제율(보유 기간 연 4%에 거주 기간 연 4%)로 적용되어 들어가게 된다.

현행법에서는 거주하고 있지 않아도 보유 기간만 10년 이상일 경우 1년에 8%, 총 80%의 양도소득세를 공제받을 수 있었다. 그러나 21년부터는 거주요건이 추가되어, 보유 기간은 1년당 4%가 공제되며 거주 기간 역시 4%가 공제된다.

결론은 어떻게 될까? 같은 1세대 1주택자가 옆집을 10년씩 보유했다 해도, 누구는 거주했고 누구는 명의만 보유했다면 장기보유 특별공제에서 무려 절반의 세금 차이가 나게 된다.

그렇다면 2주택 이상을 보유한 1세대의 예를 들어보자. 1주택 외의 주택을 전부 양도한 다음, 마지막 남은 1주택을 2021년 1월 이후 양도했다면? 이런 경우에는 장기보유 특별공제 적용 보유 기간을 처음 취득한 날부터 계산한다. 거주 기간은 보유 기간과 달리, 취득일 이후 실제 거주한 기간에 따라 계산하게 된다.

자세한 계산은 다음의 표를 참조하자.

▶ 장기보유특별공제 개정내용

보유기간		3년이상~4년미만	4년이상~5년미만	5년이상~6년미만	6년이상~7년미만	7년이상~8년미만	8년이상~9년 미만	9년이상~10년 미만	10년 이상
현행	보유	24%	32%	40%	48%	56%	64%	72%	80%
개정	보유	12%	16%	20%	24%	28%	32%	36%	40%
	거주	12%	16%	20%	24%	28%	32%	36%	40%
	합계	24%	32%	40%	48%	56%	64%	72%	80%
다주택 (2020년과동일)		6%	8%	10%	12%	14%	16%	18%	20~30%

* 비조정지역의 다주택자인 경우 연 2%로 최대 15년 이상 30%, 조정지역의 다주택자인 경우 해택 없음

2020년, 2021년, 바뀌는 양도세 분석

아니나 다를까. 2020년을 들어 양도소득세도 전과 많이 바뀌었다. 올해 들어 바뀐 양도세의 핵심은 두 가지다. 하나는 조정지역의 여부이며,

다른 하나는 9억 원을 초과하느냐 하지 않느냐의 여부다.

① 조정/비조정 무관, 9억 초과 주택만. 2021년 1월 1일부터 적용

1세대 1주택자라도 거주 2년을 충족해야 최대 80% 장기보유 특별 공제할 수 있다. 즉 한 곳에서 2년을 살아야만 양도차익에 대해 장기 보유 특별공제가 가능해지는 것이다. 만약 2년의 거주요건을 충족하지 못했다면? 에누리 없이 연 2%씩, 최대 30%까지만 공제가 된다. 당연히 세금 혜택이 줄어드는 것은 말할 필요도 없다. 여기서 9억 이하 주택은 2년 이상 보유만 해도 공제가 가능한데, 간단히 정리해보 겠다.

2017년 8월 2일 이후 조정대상지역(서울 전 지역, 경기 과천, 성남 등)에서 주택을 취득했다면, 2년 보유와 2년 거주요건 두 가지를 동 시에 충족해야 양도세 비과세가 가능하다. 반면 비조정지역이라면 1-1-2 비과세 법칙이 그대로 통용된다. 1-1-2란 1세대-1주택-2년 이상 '보유'를 말하는데, 저 조건만 충족시켜도 양도세 비과세가 가능 하다.

② 조정지역 내 일시적 2주택 비과세 요건 변경

2019년 12월 17일 이후 조정지역에서 새 주택을 산 경우, 해당 주 택을 구입하고 전입 신고한 뒤엔 1년 이내에 이전의 집을 팔아야 비 과세를 받을 수 있다. 비조정지역에서는 전과 동일하게 1-2-3 비과 세가 적용된다. 1년 살다가 새집을 사고, 전 주택을 2년 이상 보유하고, 새집을 산 다음 3년 내에만 팔면 일시적 비과세 혜택을 그대로 받을 수 있다.

③ 조정지역 내 임대사업자 양도세 비과세, 2년 거주해야 혜택 충족

2019년 12월 17일 이후, 조정지역에서 임대 사업을 위해 주택을 구입했다면 반드시 그 임대물건에 2년간 거주해야 한다.

④ 조정지역 내에서, 21년 1월 1일부터는 중과세를 위한 주택 수 계산에
　분양권도 포함

이때 주택 수 계산에는 조합원입주권 및 분양권 모두가 포함된다.

⑤ 조정지역과 비조정지역 모두, 21년 1월 1일부터는 2년 미만 보유 '주택'
　양도세율 인상

만약 양도할 주택의 보유 기간이 1년 미만이라면 40%에서 50%로 10%가 인상된다. 반면 1년 이상 2년 미만 시에는 무조건 40%씩이 적용된다. 주택만 인상되고 주택 외의 부동산들은 이전과 동일하다.

상속세와 헷갈리는 '증여세'

증여세와 상속세는 결은 비슷하나 다른 점이 많다. 보통 사람들은 증여세라 하면 상속세와 헷갈리거나, 같이 내야 하는 세금이라고 착각하기

도 한다. 실제 상속세와 증여세는 둘 다 재산의 무상이전이라는 공통점
이 있지만, 자세히 나누자면 생전과 사후로 구분된다.

살아 있을 때 재산을 물려주면 증여가 되고, 사망으로 인해 A로부터
B로 재산이 이동한다면 상속이 되는 식이다. 당연히 상속으로 인한 세
금과 증여로 인한 세금은 규정이 다르다.

▋ 증여 가능 금액 제한

애초에 증여세란 부의 완벽한 세습을 막기 위해 만들어진 제도다. 그
렇기에 증여 시, 직계존비속과 친족에게는 과세 없이 증여 가능한 금액
이 정해져 있다.

배우자는 6억 원, 직계존속은 5천만 원(미성년자의 경우 2천만 원), 직
계 비속은 5천만 원, 기타 친족(6촌 이내 혈족, 4촌 이내 인척)은 1천만
원 등이다.

또 하나 기억해야 할 점은 증여 시 세금 공제가 10년 동안 합산하여
적용받는다는 것이다. 간단히 예를 들어보자. 배우자에게 4억 원을 증
여했다고 가정할 때, 10년 안에 추가로 2억 원까지 증여하더라도 세금은
면제된다. 이처럼 가족들에게 분산 증여를 하여, 각각 10년 동안 공제
중 기본공제를 적용받아 절세하는 방안도 있다.

부동산 증여, 부담부 증여

그렇다면 금전이 아닌 부동산을 증여할 때는 어떻게 될까? 부동산 증여는 부담부 증여라 하는데, 배우자나 자녀에게 부동산 등의 재산을 증여 및 양도할 때는 부채가 포함된다. 그 부동산을 소유하기 위해 낸 전세보증금, 주택담보 대출 등의 부채도 함께 따라오는 것이다.

여기서 증여세 및 양도세를 산정할 때는 부채 부분을 뺀 금액 기준으로 계산된다. 증여하는 이의 채무를 증여받는 사람에게 넘기기에, 증여자에게 증여세를 과세하지 않는 대신 채무액만큼 재산을 판 것으로 보고 양도소득세를 과세한다.

부담부 증여 시에는 당연히 세금이 발생한다. 증여세는 전체금액에서 부채 부분을 차감한 금액에 대해 과세되며, 양도소득세는 증여 금액 중 채무 부분에 과세된다. 일례로, 자본 4억 원에 대출 6억을 받아 아파트를 10억 원에 매매하였다고 가정하자. 아파트의 시세가 14억 원이라고 했을 때, 대출금 7억 원에는 양도소득세가 과세되며 시세 14억 원에서 대출금 6억 원을 차감한 8억 원에는 증여세가 과세되는 식이다.

주택 기준시가 인상, 수증자 관련 팁

보통 주택 기준시가는 4월 말, 기타 부동산 공시지가는 5월 말을 기준으로 인상된다. 그러므로 부동산 증여를 한다면 인상되기 이전에 등기 변경을 하는 것이 유리하다.

다음은 부모가 자녀에게 주택을 증여할 때, 흔히 놓치는 부분 중 하나다. 자녀가 취득세나 증여세를 납부할 돈이 없기에 부모가 대신 증여세를 납부하는 경우가 흔한데, 증여세는 받은 사람, 즉 수증자가 세금을 납부할 의무를 지닌다.

물론 부모님이 증여세를 내주는 것이 불가능하지는 않다. 다만 증여세를 대납하게 되면 대납된 부분도 증여 금액에 합산되고, 합산된 금액 탓에 세율 구간이 달라질 수도 있다. 따라서 수증자가 증여세와 취득세를 납부할 수 있는지 확인 후 진행하는 것이 유리하다.

자세한 세율은 상속/증여의 세율 차이와 증여공제액 표를 참조하자.

▶ 상속증여세율

과세표준	세율 %	누진 공제
1억 이하	10	-
1억 초과~ 5억 이하	20	1,000만 원
5억 이하~ 10억 이하	30	6,000만 원
10억 초과~ 30억 이하	40	1억6,000만 원
30억 초과	50	4억6,000만 원

▶ 증여공제

관계	공제금액	비고
배우자	6억 원	수증자가 비거주인 경우는 공제 불가
직계 비속	5,000만 원	
직계 비속(미성년자)	2,000만 원	
직계존속	5,000만 원	
기타친족	1,000만 원	

◢ 변경된 증여·취득세

증여세뿐 아닌 증여 취득세도 올라갔다. 표를 보면 증여로 인한 취득세가 12%로 올라간 것을 확인할 수 있다. 그 대상은 조정지역에 있는, 3억 원 이상의 주택이다. 쉽게 말하면 비조정지역의 주택은 금액 상관없이 3.5%의 취득세를, 조정지역 안에 있더라도 주택 가액이 3억만 넘지 않으면 마찬가지로 3.5%의 취득세를 낸다는 뜻이다.

여기서 주목해야 할 부분은 '증여가액을 기준으로 3억 원'이라는 것이다. 그러므로 시가보다 낮은 기준시가를 근거로 증여가액 산정이 가능하나, 말도 안 되게 낮춘 금액은 불가능하다.

다주택자·법인 취득세율 강화	현행			개정안		
	개인	1주택	주택 가액에 따라 1~3%	개인	1주택	주택 가액에 따라 1~3%
		2주택				조정 / 조정
		3주택			2주택	8% / 1~3%
		4주택이상	4%		3주택	12% / 8%
	법인		주택 가액에 따라 1~3%		4주택이상	12% / 12%
					법인	12%
				단, 일시적 2주택은 1주택 세율 적용 (1~3%)		

증여 취득 세율 강화	현행	개정안
	3.5%	조정대상지역 내 3억원 이상: 12% 그 외:3.5%
		단, 1세대 1주택자가 소유주택을 배우자 직계존비속에게 증여한 경우 3.5% 적용

조정대상지역에 공시가격이 3억 원 이상이거나, 조정대상지역이 아니거나 조정대상지역이라도 공시가격이 3억 원 이하라면 자세한 취득세가 어떻게 되는지 표로 확인하자.

조정대상지역&공시가격 3억 이상	취득세+부가세 구성	총 합계
전용면적 85 이하	취득세 12% + 지방교육세 0.4%	12.4%
전용면적 85 초과	취득세 12% + 지방교육세 0.4%+ 1.0%(농어촌특별세)	13.4%

조정대상지역 x or 공시가격 3억 이하	취득세+부가세 구성	총 합계
전용면적 85 이하	취득세 3.5% + 지방교육세 0.3%	3.8%
전용면적 85 초과	취득세 3.5% + 지방교육세 0.3%+ 0.2%(농어촌특별세)	4%
그 외 토지나 건물	취득세 3.5% + 지방교육세 0.3%+ 0.2%(농어촌특별세)	4%

또 하나 중요한 것은 증여계약일이다. 비조정지역에서 조정지역으로 변하는 경우도 있기 때문. 이럴 때는 증여계약 시점에 산정의 운명이 달렸다. 만약 비조정지역일 때 증여계약을 했다면 3.5%를 적용받는다. 즉 '취득세'는 7월 10일 이후 계약하는 주택의 경우 주택의 수에 따라 중과를 받는다. 하지만 '증여'는 조정지역인지 비조정지역인지의 유무가 중요해진다.

표에서 1가구 1주택을 증여하는 경우, 3.5%를 적용한다는 대목이 있다. 이 부분은 1가구 1주택이 가지고 있는 주택을 증여할 때, 그러니까 가족들이 명의를 변경할 때에 3.5% 세금이 적용된다는 소리다. 1세대 1주택자가 따로 가지고 있는 분양권을 취득할 때에도 3.5%의 세금을 내는 것은 아니다.

가족 내의 증여를 알아봤다면 부부 간 증여 활용도 알아보도록 하자. 증여를 받고 나서 5년이 지난 뒤 양도하게 되면 증여받은 순간의 금액

이상부터 양도세가 계산된다. 만약 비조정지역에서 양도차익이 크게 난 대상이 있다면? 부부 간 증여가 좋은 절세 방안이 될 수도 있다.

부담부증여가 좋을까, 전부증여가 나을까? 이는 상황마다 다르다. 우선 부담부증여를 하면 증여자가 채무액만큼의 양도세를 내야 한다. 거기서 수증자는 증여받은 금액만큼의 증여세를 낸다. 보통 증여는 가족 구성원끼리 이루어지므로 증여에서 공제되는 액수가 달라지고, 따라서 증여세와 양도세 중 더 부담이 덜한 쪽으로 계산해 선택하는 것이 필요하다. 7.10 대책 이후, 2주택자부터 취득세율이 대폭 상승했다는 것은 계속 언급해 왔었다. 그렇기 때문에 부담부증여와 전부증여 사이에서 더 유리한 쪽을 잘 골라야 하는데, 본래 부담부증여는 유상취득(채무인 수) 부분이 기본 취득세율(1~3%)이었고 증여는 증여세율(비조정지역 3.5%)이었다. 유상취득 부분과 증여분에 대한 취득세율이 다르다는 것을 인지하고 이 또한 확실하게 계산해 본 다음 고르도록 하자.

▌2020.7.10. 주택시장 안정 보완대책 이후 양도세

7.10. 보완대책의 칼날을 양도세 또한 피해 갈 수 없었다. 매물 유도를 위해 내년 종부세 부과일(21.6.1.)까지 시행이 유예되는 것은 듣던 중 반가운 소식. 달리 말하면 내년 6월까지 시장에서의 눈치싸움이 치열하리란 예고와 같다.

정부는 양도소득세의 개선 방향으로 '단기 양도차익 환수'를 택했다. 그리하여 2년 미만 단기 보유 주택에 대한 양도소득세율이 대폭 인상되었다. 보유 기간이 1년 미만일 때 40%던 세율은 70%로 뛰었고, 2년 미만일 때는 기본 세율이던 세율이 60%까지 올라갔다.

추가로 다주택자 중과세율도 인상되었다. 규제지역 다주택자 양도세 중과세율은 기본 세율(6~42%) + (10%p(2주택) 또는 20%p(3주택 이상)이었지만, 개정법 시행 후에는 20%p(2주택) 또는 30%p(3주택 이상))으로 바뀐다. 양도세든 종부세든 정부의 목표가 다주택자임을 알 수 있는 부분이다.

▶ 양도소득세 세율 인상(안)

구분		현행			12.16 대책	개선	
		주택 외 부동산	주택 입주권	분양권	주택 입주권	주택 입주권	분양권
보유 기간	1년미만	50%	40%	(조정대상지역) 50% (기타지역) 기본세율	50%	70%	70%
	2년미만	40%	기본세율		40%	60%	60%
	2년이상	기본세율	기본세율		기본세율	기본세율	

3-5. 임대 사업 세금 알아보기: 주택임대사업자 편

말 많고 탈 많은 주택임대사업자, 등록해야 하나 말아야 하나? 21세기에서 임대주택 등록은 의무가 아니라 선택이다. 어느 누구도 임대주택을 등록하도록 강제하지도 않고, 등록하지 않았다 하여 법률적 문제가 발생하지도 않는다.

다만 등록할 경우 취득세, 재산세, 양도소득세, 종합소득세, 종부세 등 다양한 세제 혜택을 받을 수 있다. 대신 혜택을 받는 것만큼 의무 규정 역시 지켜야 하는데, 이를 지키지 않을 경우에는 꽤 많은 과태료를 물어야 한다. '세금'의 마지막 단락에서 다룰 것은 주택임대사업자와 일반임대사업자의 차이점이다. 둘의 장단점을 비교해 보고, 임대사업자가 유의해야 할 점은 무엇인지, 절세를 위해서는 어떤 방법이 있는지를 알아보도록 하자.

임대사업자의 종류: 주택임대사업자, 일반임대사업자

구분	일반임대사업자	주택임대사업자
등록 시기	계약 후 20일 이내	취득 후 60일 이내
등록절차	일반과세사업자발급담당세무서	주택임대사업자등록(주소지 담당시청, 구청 간이과세사업자발급(담당세무서)
용도	업무용(전입신고 불가)	주거용(전입신고 가능)
주택 수	미포함 (1가구 1주택 자격유지, 거주 시 포함됨)	미포함
임대의무 기간	10년	단기 4년/장기(준공공) 8년
부가가치세	건물분의 10% 환급 (최초등록자에 한하여 부가세환급 혜택)	환급 없음
취득세	분양가의 4.6%	전용면적 60㎡ 이하 면제(200만 원 초과 시 85% 면제)
임대소득세	월세에 대한 부가가치세 10% 신고납부	2,000만 원 이하임 대소득세 분리과세적용
세금계산서	발행 가능	미발행
재산세	연간 0.25% 개별과세처리	2채 이상 임대목적으로 등록한 경우에만 해당 (4년 8년에 따라 다르게 적용) 전용 40㎡ 이하 50% 감면(8년 - 100%) 전용 40~60㎡ 이하 50% 감면 (8년 - 75%) 전용 60~85㎡ 이하 25% 감면 (8년 - 50%)
종합부동산세	비과세	합산배제 (매입기준시가 6억 원 이하 합산배제, 비수도권 3억)

위의 표처럼, 임대사업자는 '주택임대사업자'와 '일반임대사업자'로 나뉜다.

주택임대사업자는 공공주택 사업자가 아닌 민간에서 전, 월세 임대를 목적으로 등록한 자를 말하며, 그 분류는 단기임대와 준공공임대, 기업형 임대 등으로 나뉜다. 기준은 임대주택의 임대의무 기간에 따르는데, 단기임대는 4년, 준공공임대와 기업형 임대는 각 8년씩이다.

주택임대사업자들은 그간 몇 번의 부침이 있었다. 우선 지난 9.13 부동산 대책이 실행되며 그간 제공되었던 양도소득세 중과 제외 및 종합부동산세 합산배제 혜택이 사라져 버렸다. 이것만 해도 충분히 큰 타격인데, 추가로 양도세 감면 혜택 조건(전용면적 85㎡ 이하, 공시가격 수도권 6억, 비수도권 3억 원)까지 강화되며 정부 규제를 연속으로 맞게 되었다.

하지만 그런데도 일반 주택과 비교하면 얻을 수 있는 세제 혜택은 상당하다. 단기로 빨리 치고 빨리 털어야 하는 주택이 아닌, 장기적으로 보유하며 가치를 상승시킬 주택이라면 임대등록을 하는 쪽이 더 유리할 것이다.

주택임대 미등록 가산세 부과

또 하나 알아야 할 점은 주택임대 미등록 가산세다. 2020년 1월 1일 이후에 발생하는 내용을 대상으로, 주택임대 미등록 가산세가 임대소득의 0.2% 부과된다. 임대 사업 등록을 하지 않은 주택을 기준으로 생각해 보

자. 해당 주택 월세가 500만 원일 때, 12개월 기준 임대소득은 6천만 원에 달한다. 이 경우 6천만 원의 0.2%, 즉 12만 원을 부과한다는 얘기다.

주택임대사업자, 장/단점은 무엇일까?

- 장점

주택임대사업자는 전용면적 60㎡ 이하의 경우, 200만 원까지 100% 감면 혜택을 받는다. 또한, 필요조건을 충족할 시 종부세에서 합산배제를 받을 수도 있어서 세금 부담이 덜하다. 추가로 전입이 가능할뿐더러 주택 수까지 미포함이라 선택의 폭이 넓은 건 덤이다.

- 단점

주택임대사업자의 단점은 부가세환급이 불가하다는 것이다. 또한, 앞서 언급한 대로 단기임대와 준공공/기업형 임대가 각 4년, 8년씩의 의무기간에 묶인다.

그러나 가장 큰 단점이라면 역시 '불확실성'이다. 정부가 부동산 정책으로 매년 새로운 칼들을 시장에 겨눈다지만, 그중 유독 주택임대사업 관련 규제가 많이 발의된다.

실제로 7월 3일 강병원 더불어민주당 의원이 발의한 개정안, '부동산 임대 사업 특혜 축소 3법' 안에는 기존 임대사업자들의 각종 혜택을 전면 폐지하는 내용들이 주를 이룬다. 다가구 임대주택 종부세 과세표준 합산배제 규정 조항 삭제, 주택 2채 이상 임대 및 장기일반임대주택 소득세 감면 폐지, 임대목적 공동주택 건축 등에 대한 지방세 감면 폐지 등 사실상 임대사업자 혜택 삭제를 위한 법안이다.

부동산은 매물뿐 아니라 흐름을 읽어야 한다. 정부 규제, 부동산 정책의 방향성을 파악하고 예민하게 감각을 곤두세우는 것도 투자를 위해서는 필수적이다. 실제로 지난 2017년에는 임대사업자로 등록하면 세제/금융 혜택을 준다며 국토교통부 장관이 나서서 등록임대 활성화 방안을 발표하기도 했다. 이처럼 시장 변화에 따라 돌아서는 것이 정부 방침이고, 정부 방침에 따라 이리저리 흔들리는 것이 부동산 시장임을 기억하자.

2020.7.10. 주택시장 안정 보완대책 이후 등록임대사업제

그리고 드디어 올 것이 왔다. 7월 10일 자로 등록임대사업제 제도가 보완되었다. 하지만 말이 보완이지 사실상 임대 사업을 하지 말라는 것과 같다. 임대사업자가 폐지되고 임대산법이 시행되는 '새로운' 임대사업제에 대해 분석해 보았다.

첫 번째로, 임대등록제도가 개편된다. 이 역시 말이 개편이지 단기임대(4년) 및 아파트 장기일반 매입임대(8년)가 모두 폐지된다. 또한, 단기임대의 신규 등록 및 장기임대로의 유형 전환이 불가능(세제 혜택 미제공)해진다. 그 외에도 장기임대 유형은 유지하되 의무기간이 8년에서 10년으로 연장되는 등, 공적 의무가 강화된다.

폐지되는 단기 및 아파트 장기일반 매입임대로 등록한 기존 주택은 임대의무 기간 경과 즉시 자동으로 등록이 말소된다. 임대의무 기간이 종료되기 전에도 자진말소 희망 시 공적 의무를 준수한 적법 사업자에 한해 자발적인 등록말소가 허용되는데, 이는 한시라도 빨리 털고 나갈지, 끝까지 버티다가 손해를 볼지 알아서 정하라는 뉘앙스다. 임대의무 기간 준수 위반에 과태료를 면제해 준다는 것만 봐도 정부가 원하는 바를 알 수 있다. 다행히도 기 등록주택은 등록말소 시점까지 세제 혜택이 유지된다.

그동안은 임대사업자 등록 후 임대의무 기간 8년(단기 4년)에 임대료 5%의 상한 기준만 지킨다면 양도소득세 비과세, 종합부동산세 합산배제, 재산세 및 임대소득세 감면 등 다양한 혜택을 받는 것이 가능했다. 그러나 이번 7.10 대책으로 적용 유형 자체가 축소됐고, 따라서 수많은 임대사업자가 손을 털고 나갈 준비를 할 것으로 예상된다.

임대의무 기간 준수, 임대료 증액제한, 임대차 계약 신고 등 등록사업자의 의무 준수 여부를 확인하는 합동점검도 매년 정례화한다고 하니, 행정처분을 피하기 위해서는 한층 더 신경을 써야 할 것이다.

3-6. 임대 사업 세금 알아보기: 일반임대사업자 편

주택이 아닌 '일반' 임대사업자

일반임대사업자는 주택임대사업자와 비슷하면서도 다르다. 주택임대사업자가 '주거용' 주택을 임대하기 위한 사업자라면, 일반임대사업자는 '업무용' 주택을 임대하기 위한 사업자를 의미하기 때문이다. 따라서 본인의 건물을 업무용 오피스텔 또는 상가처럼 사무실 용도로 임대를 주고, 거기서 수익을 얻는다.

일반임대사업자는 매달, 월세 소득이 발생하면 소득에 대한 세금계산서를 발행하여 국세청에 신고해야 한다. 또한, 주거용과 업무용의 사업목적이 다르므로 세금 적용 및 의무사항에서 차이가 있다. 일반임대사업자와 주택임대사업자의 차이점을 간단한 표로 정리해보았다.

두 임대사업자의 차이는 최초 분양에서부터 나타난다. 업무용(일반임대)은 최초 분양 시 부가세를 환급받고 재산세가 과세된다. 주거용(주택임대)은 최초 분양 시 면적에 따라 취득세가 25~100%까지 감면되고, 재산세가 과세되지만 종합부동산세 계산 시 합산되지는 않는다.

비교항목	일반임대사업자	주택임대사업자
구분	업무용	주거용
취득 시 세금 (최초분양)	분양가액 중 건물가의 부가세 10% 환급	아래 3가지 모두 충족 시 취득세 감면 - 신규주택 - 공동주택 및 주거용 오피스텔 - 전용 60㎡
보유세	재산세 과세 종합부동산세 과세 제외	재산세 - 전용 40㎡ 이하 면제 - 전용 40~60㎡ 이하 50% 감면 - 전용 60~85㎡ 이하 25% 감면 종합부동산세 합산 배제
임대소득세	종합소득세 과세 월세에 부가세 10%부과	종합소득세 과세 연 2,000만원 이하 분리과세 선택가능
의무기간	10년	4년/8년 선택가능
의무기간 내 매도	포괄양수도 계약 시 가능 환급받은 부가세 납부	주택임대사업자에게 포괄양도 시 취득세 반환 개인에 매도시 1,000만원 이하 과태료 감면 받은 취득세 및 재산세 반환

일반임대사업자는 종합부동산세에 대해서는 비과세 대상자다. 또한, 건물의 토지분을 제외하고, 해당 건물에 부과되는 부가가치세를 10% 환급받는 것이 가능하다. 유리한 점은 또 있다. 정해진 의무기간은 10년이나, 반드시 10년의 의무기간을 유지하지 않더라도 현 권리 및 의무를 다른 사업자에게 포괄 양도가 가능하기 때문이다.

그렇다고 아예 규제망을 벗어난 것은 아니다. 타 사업자에게 포괄 양도를 하더라도 양도를 받은 사업자, 세입자의 전입신고는 불가능하기 때문. 이를 무시하고 전입신고를 하면 임대 사업을 시작할 때 받았던 부가세환급 잔여기간율을 10년으로 계산하여 추징을 당할 수도 있다. 반면 임대료 인상 제한은 없다는 것이 주택임대사업자와의 차이다.

일반임대사업자의 장점은?

1) 분양가 중 부가세환급이 가능하다.
2) 분양가에서 부가세환급이 가능(건물 가액의 10% 환급)하다.
3) 보유 주택 수에 미포함되어 다주택 규제에서 자유롭다.
4) 종합부동산세 비과세

일반임대사업자 단점은?

1) 전입신고가 불가하다.
2) 월세 소득 부가세를 신고해야 한다.
3) 10년의 의무기간에 잡힌다.
4) 취득세가 4.6% 부과된다.

만약 의무기간을 안 지켰을 경우, 혹은 세입자가 전입신고를 할 경우, 임대자는 환급받은 부가세를 환수당하게 된다. 일반임대란 법적으로 사무용 건물이다. 따라서 주거를 했을 때 그만큼의 불이익을 받게 되는 것이다.

단순하게 생각하면 주택임대사업자가 일반임대사업자보다 세금 면에서 혜택이 적어 보일 수도 있다. 다만 일반임대사업자는 전입신고 불가라는 큰 제약사항을 안고 가야 한다. 따라서 본인이 하려는 임대 사업의 종류와 여건, 자금 상황에 맞게 선택하는 것을 추천한다.

▶ 표: 일반임대사업자/주택임대사업자/임대 사업 미등록 시 차이

구분		임대사업자등록		미등록
형태별		일반임대사업자 (일반과세자)	주택임대사업자 (간이과세자)	임대 사업 미등록 시
취득 시	취득세 (등록세 포함)	분양가의 4.6% (취득세 4%, 농특세 0.2%, 교육세 0.4%)	분양가의 4.6% 전용면적 60㎡ 이하: 취득세 200만 원까지 100% 감면 초과 시 85% 감면(15% 납부)	분양가의 4.6% (취득세 4%, 농특세 0.2%, 교육 세 0.4%)
	부가세	환급 가능	환급 불가	환급 불가
보유 시	재산세	토지: 0.2%~0.4%, 건물: 0.25%	40㎡ 이하: 면제 60㎡ 이하: 50% 감면 60㎡ 초과 ~ 85㎡ 이하: 25% 감면	-
	종부세	해당 없음	합산 배제	합산 과세
	부가세	분기별 부가세 신고 및 납부	월세 소득에 대한 부가세 의무 없음	과세 없음
사업자 의무 기간		10년	4년	없음
세입자		사업자등록 가능 전입신고 불가	전입신고 가능 월세 소득 부가세 의무 없음	전입신고 가능

분양영업의
정석

펴낸날 2021년 3월 10일

지은이 박창영
펴낸이 주계수 | **편집책임** 이슬기 | **꾸민이** 이화선

펴낸곳 밥북 | **출판등록** 제 2014-000085 호
주소 서울시 마포구 양화로 59 화승리버스텔 303호
전화 02-6925-0370 | **팩스** 02-6925-0380
홈페이지 www.bobbook.co.kr | **이메일** bobbook@hanmail.net

© 박창영, 2021.
ISBN 979-11-5858-759-8 (03320)